Privacy

超級公民

隱私

Center for Civic Education　原著

財團法人民間公民與法治教育基金會、財團法人蘇天財文教基金會　聯合出版

五南圖書出版公司 印行

出版緣起

財團法人民間公民與法治教育基金會執行委員　張澤平律師

　　本書原著是美國公民教育中心（Center for Civic Education；www.civiced.org）所出版的《民主的基礎——權威、隱私、責任、正義》（Foundations of Democracy：Authority、Privacy、Responsibility、Justice）教材中，適用於美國 10 至 12 年級學生的部分。原著的前身則是美國加州律師公會在 1968 年，委託設於加州大學洛杉磯分校（UCLA）的公民教育特別委員會，所發展的「自由社會中之法律」（Law in a Free Society）教材。教材的發展集合律師及法律、政治、教育、心理等專業人士共同開發而成，內容特別強調讀者的思考及相互討論。原著架構歷經將近五十年的淬鍊，目前已廣為世界各國參考作為公民教育、法治教育的教材。出版者有感於本書的編著結合各相關專業領域研發而成，內容涉及民主法治社會的相關法律概念，所舉的相關實例生動有趣，引導的過程足以帶動讀者思考，進行法治教育卻可以不必使用法律條文，堪稱是處於民主改革浪潮中的台灣社會所不可或缺的公民、法治、人權、品德教育參考教材，因此積極將其引進台灣。

　　這本書的主題——「隱私」，是民主社會中個人自由的核心。國家社會存在的目的，即在於保障個人的自由，隱私的探討有助於我們進一步了解自由的內涵。書中鮮少有空泛的論述，取而代之的是一個一個發生在社會中的實例及問題，以及解決問題的思考工具（Intellectual Tool）。書中從不直接提出問題的答案，而希望師長帶著學生，或讀者彼此之間，在互相討論的過程中，分享、思考彼此的想法，進而紮實的學習領會書中所討論的觀念。討論不僅可使這些抽象觀念更容易內化到讀者的價值觀裡，討論的過程更可匯集眾人的意志，進而訂定合理的規範，是民主法治社會中最重要的生活文化。（歡迎讀者至民間公民與法治教育基金會官網 www.lre.org.tw 參與討論）

　　引進本書其實也期望能改變國內關於法治教育的觀念。不少人認為法治教育即

是守法教育，抑或認為法治教育應以宣導生活法律常識為主。然而，如果能引領學生思考與法律相關的重要概念或價值，則遵守法律規範，當是理所當然的結果。懂得保護自己權益的人，當然也應當尊重別人的權益，更不必耗費大多數的課堂時數逐條詳述瑣碎的法律規定。由此當可理解，法治教育應對施教的素材適當地設計揀選，才能夠達到事半功倍的效果。此外，無論法治教育的施教素材為何，也應當都是以培養未來的公民為目標。過度強調個人自保的法律技巧，並無助於未來公民的養成，當非法治教育的重要內涵。現代法律隱含著許多公民社會所強調的價值，例如：人權、正義、民主、公民意識、理性互動等等，都有待於我們透過日常生活的事例加以闡釋，以落實到我們的生活環境中。未來能否培養出懂得批判性思考的優質公民，已成為我國能否在國際舞台上繼續保有競爭力，以及整個社會能否向上提昇的重要挑戰。

自 2003 年起，民間司法改革基金會即與中華扶輪教育基會、台北律師公會共組「法治教育向下紮根特別委員會」，將美國公民教育中心在美國出版的《民主的基礎 —— 權威、隱私、責任、正義》系列出版品（包含「兒童版」、「少年版」、「公民版」之教材及其教師手冊）授權在台灣地區翻譯推廣，執行多年來，已在多所國中小校園內實施教學，並榮獲教育部國立編譯館 94 年度、95 年度獎勵人權出版品之得獎肯定。本基金會再翻譯出版此一進階書籍，期盼能進一步喚起國人重視人權及民主法治的教育問題，也期待各界的支持與指教。（本書另有教師手冊，請洽五南圖書出版公司）

張澤平

法治教育讓人民找回主動權

中央研究院社會學研究所研究員　張茂桂

　　什麼是民主的基礎？看你問誰，不同人可能有不同的答案。

　　當代知名政治學者 Adam Przeworski，他特別看重民主的制度性效果，認為相較於其他都更差的政治制度設計，民主有個獨門的優點，在於人民可以不需透過暴力，用和平的手段更換自己的統治者（政府）。這種效果／效益，足以構成民主的「極簡定義」，也足以捍衛民主的優越性。

　　Przeworski 進一步用四個與選舉結果有關的指標，判斷何謂「民主」政體：（一）行政首長必須由民選，或由民選的代議機構選舉產生；（二）立法機關也必須是由民選產生；（三）選舉時有不止一黨的競爭；（四）在相同的選舉規則條件下，發生權力的輪替至少一次。

　　他認為，人們不應小看這幾件事情，因為放眼世界，人民能持續選舉自己的統治者，讓政權和平轉移持續發生，不是理所當然的事情。以我們臺灣自己的經驗來看，1978 年曾爆發「選舉萬歲」的政治抗議言論，當時威權統治下的「黨外人士」，冒大不韙投入選舉，出現所謂「選舉假期」的短暫言論自由現象，等選舉完畢之後狹小的自由之窗立即關上，而當時黨外人士還面臨秋後算帳，選輸坐牢的風險。而等到臺灣能完全符合這四個簡單的民主政體條件，已經是公元 2000 年 5 月第一次政黨輪替之後的事情。從 1978 年算起到「民主政體元年」，經過 22 年，而從民主政體元年至今，也才 18 年而已。

　　Przeworski「選舉很重要！」的民主觀點，看似簡單，但有一個關於人類社會的現實的出發點：人類社會原本很多衝突的社會關係，用暴力（violence）解決爭端是相對誘人的手段。而政府的功能，形同在讓一些人的意志可以合法地，壟斷武力地去壓制另外一些人的意志。而選舉是讓政府的更替，只要遊戲規則許可，贏家與輸家都非事先確定，如果壓制者與被壓制者皆知道通過選舉可以和平且合法地輪替，大家就能維

推薦序

護和平與自由參政的體制，而這就是最重要、不可取代的民主的功能。

　　這固然有化繁為簡的好處，但 Przeworksi 很清楚這樣的極簡主張，須把政治想像成政治制度問題，限「純」政治權力來看，以致於有幾個重要範疇問題沒被充分處理。首先，（一）執政者壓制反對者的手段，必須在法律規範之內「合法」進行，而且要可以被充分問責。這個意思是民主必須有相對獨立的司法、以及立法體系，能制衡行政部門的權力，這是民主與「法治」不可分的強烈主張；（二）不論是執政者或者是在野者，人民都有予以監督的可能。人民不但有法律保障的自由討論與辯論權利，言論自由的重要不在話下，前提更須要政府資訊要公開，決策的程序法則與透明度；（三）人民仍然要能進行自我賦權，對於民選政府、民選議會，要有直接問責或制衡的權力。或者說：人們能找回參與政治、督促政府與代議者的主動權，而不是處於被動的被統治的狀態。這是晚近參與式、審議式民主、公民社會與「強韌民主」（strong democracy）的各種主張的精神。

　　此外，「純」政治民主，並不及於人民關懷的其他問題，例如民主的治理品質，新興民主的民主鞏固，甚至涉及到經濟發展與生活水準等問題。而且，人民對於「政治」，有越來越多的想像，所謂「日常生活政治化的趨勢」。日常生活政治化，就是所有的政府在日常生活中，很多看不見的檯面下的「管制」（或者疏忽的「不管制」），文化傳統中的幽微「道統」，現在都有可能被高舉看見，被揭示解構成為檯面上的政治問題。舉例如身體政治、性別政治、空間政治、科技的民主、基因改作、生態與氣候變遷等等，都是新的「政治」，需要被看見且進行的民主議題。

　　民主日常化還有一個原因，就是一般理解為「制度同型化」的過程。民主作為一種主要解決紛爭的策略，例如平等投票，任期，程序與法治，幾乎不能避免會在其他制度範疇中「傳染」、「擴散」，在其他非政黨、非政治的環境中為最主要解決衝突的標準。例如在生產制度中的工會、產業組織、企業，或者在教育制度的學校、專業組織，甚至在社區、傳統的寺廟、宗族組織中，都有開始引用了民主的價值與調解衝突的法則。

　　我們如果不從選舉制度來想像民主，我們其實還可以從「選民」，或者更正確說，

從「公民」的角度出發來想像民主。因為,不論我們談的是選舉民主,還是生活民主,應該都脫離不了具有權利意識、身分、及實踐能力的公民。公民並不等於選民,因為公民包括了那些可能沒有投票權的未來公民,或者常被邊緣化的「其他人」(the others)公民。

以今日世界而言,貧富差距,生態風險都在擴大,一國之內的民主治理,常因為國境之外遠方的戰爭、飢荒、金融風暴、病疫,以及不在地的生產者、消費者、勞工等等問題,而陷入效能不彰,難以為繼的困境。民粹威權,不但取代一些新興的民主體制,在一些老牌民主國家中,也有重返主流政治的情形。

我們可以預見未來的公民,包括臺灣在內,一方面可能會比以往有更多的自由、平等的要求,歧見與社會分化導致社會更難形成共和意識,另一方面將因為的全球經濟與資源競爭的生存壓力更艱鉅,導致人們期待更有效率,甚至獨斷的強人政府。在這兩種條件的拉鋸下,我們不但不能誤認為民主永續不是問題,反而要珍惜民主政治和平解決衝突的獨門「極簡」功能,並要能發展出以公民為主體的強韌的民主素養教育,抵擋各種反自由、平等基本價值的威逼利誘,侵害民主體制的各種分化統戰,堅定如鬥士般的行動。

這一套「民主系列」叢書,是由美國加州的一個非政府組織,「公民教育中心」所出版,「權威」幫助學生理解政府權威、權力的正當性(與限制)的問題,「隱私」幫助學生理解個人自由與自由社會的連結與界線,「正義」幫助學生發展分析、評價不同的是非與公平性問題,「責任」幫助學生理解各種政治抉擇、生活抉擇的影響及後果的意涵。本系列原本的目的是為美國的教師與學生的需要而編寫,有適合小學生的少年版也有青少年版,很多舉例也都是美國的政治背景,但沒想到此一系列出版後不久被翻印成四十多種語言。基本民主素養的跨國參考的重要性不言可喻。

在此翻譯本問世的同時,很不幸地,美國給人們的印象已經不是最好的民主典範國,我們在參照學習這些美國公民教育的教材與教法的同時,必須由衷自我期許,將來還是要能發展出更適合我們自己需求,建構支持民主法治、人權的強韌的公民素養的教材、教法來,這還需要政府與民間投入更多的努力。

「超級公民」叢書的出版，能成為未來首投族們絕佳的選民教育教材

台灣少年權益與福利促進聯盟秘書長　葉大華

臺灣自 2011 年依《兒童權利公約》〈簡稱 CRC〉精神將《兒童及少年福利法》大幅翻修為《兒童及少年福利與權益保障法》，2014 年制定《兒童權利公約施行法》，讓 CRC 的權利規定及聯合國兒童權利委員會對公約之解釋具有國內法律之效力。依據「CRC 施行法」第七條：政府應建立兒童及少年權利報告制度，於本法施行後二年內提出第一次國家報告，其後每五年提出國家報告。故我國政府參照聯合國審查 CRC 國家報告的模式，於去年 2017 年 11 月 20 日完成了我國首次的國家報告國際審查會議。而受邀來台的五位國際審查委員，在總結提出的 97 點結論性意見中，特別針對 CRC 的兒少表意參與權利及公民教育提出了觀察與建議。

其中第 75 點兒童權利與公民教育：委員會建議將人權（尤其是兒童權利）納入各種教育形式和層次（包含國民教育）的必要性元素。委員會進一步建議，應為各種年齡層和身心能力差異的兒童製作適宜的教材，教師亦必須接受兒童權利的知識和培訓。委員會另建議，教育部應支持兒童參與公眾事務與公民教育相關的培力活動，以落實 CRC 自由表達意見的權利。同時，兒童權利委員會透過解釋 CRC 的第 20 號一般性意見書：青少年時期兒童權利的落實，提供給各國為落實青少年權利所需的法律、政策和服務指南，以促進青少年全面發展。聯合國特別建議各國應增強青少年的權能，承認他們的公民身分，讓他們積極參與自身生活。其中更要確保讓青少年與兒童在學校和社區、地方、國家和國際各層級，參與制訂、執行和監測影響其生活的所有相關法律、政策、服務和方案。

其實早在 2005 年「行政院青少年事務促進委員會」的委託研究即指出，臺灣政府應鼓勵青少年針對地方自治、國家政策及重大議題進行公共討論，並提供青少年參與決策之管道。在促進青少年公共參與的同時，政府部門亦必須學習如何在政策制定過程中納入更多的公民參與，並提升公民參與的深度與能力。除此以外，青少年充分參

與青少年相關政策的決策過程，能使政府避免盲點，制定出真正切合青少年利益與需求的政策。（青少年政策白皮書綱領，2005）。因此無論從上述 CRC 結論性意見或是我國青少年政策的發展，皆相當強調兒少參與在各種層級決策機制的重要性與意義，除了鼓勵發聲，更重要的是政府應盡早投資兒童及青少年的公民能力的養成。

公民素養與能力的養成，是打造健全公民社會的重要基礎，其中需要以人權教育作為核心，法治教育作為思辨工具。誠如五位 CRC 國際審查委員的建議，我們應為各種年齡層和身心能力差異的兒童製作適宜的教材，教師亦必須接受兒童權利的知識和培訓，並協助青少年與兒少有能力參與在各層級相關決策事務上，因此相關的公民素養教材的研發與推廣至為重要。民間公民與法治教育基金會將美國公民教育中心授權出版的《民主的基礎─權威、隱私、責任、正義》系列在台灣地區翻譯推廣，過去已完成了「兒童版」及「少年版」，也都在國中小校園有很好的推廣成效。如今完成了「超級公民」教材的翻譯，針對的對象是高中職階段接近成年的青少年，正好能接軌落實CRC 結論性意見，做為強化青少年公民參與知能的教材。此外經過台少盟等推動十八歲公民權團體的多年努力，我國也於今年 1 月 3 日公布修正《公民投票法》，將公民投票權人年齡下修至十八歲，青年學子也將正式參與國家重要政策的決定。因此「超級公民」叢書的出版，恰好也能成為未來公投首投族們絕佳的選民教育教材。

我們向來主張，投票權是賦予青少年進入公民社會的入門票與信任票，在此之前應該要及早投資其公民能力的養成，培養其成為具思辨能力、理性成熟的社會公民，以因應為平衡權利義務對等、人口結構變化，以及擴大青年參政而持續下修投票年齡的民主政治潮流。但公民能力的養成是一連串培力與體驗實踐的過程，在青少年們仍是準公民的階段，就應提供其具備對於權威、隱私、責任、正義等民主概念的基本認知。因此很高興有「超級公民」叢書的出版，內容不僅淺顯易懂，少有空泛論述或冗長的法律條文，且非常強調透過社會中的實際案例以及提供解決問題的思考工具（Intellectual Tool），引導學生彼此討論與對話，藉此思辨做決策的民主程序與多元觀點，非常適合於學校及社區推廣運用。將來如果能發展出本土版本，相信將更能裨益我國的公民法治與人權教育！

民主法治的教材就需要能夠和生活結合，引發學生興趣

中華民國全國教師會理事長　張旭政

　　我國的民主法治實施不久，整體社會還不足以成為一個讓學生耳濡目染即可學到民主法治素養的環境。因此，在學校教導民主法治概念，提升素養，就變得異常重要，也是社會能否進步的關鍵。

　　同樣教導民主法治，枯燥無味的教本和教條式的宣讀，會讓學生興趣缺缺，甚至排斥討厭。反之，系統的引導加上生動活潑的教材，絕對可以激發學生的學習熱情。民主法治的教材就需要能夠和生活結合，引發學生興趣，才能讓老師在運用時如魚得水、暢快淋漓。

　　民間公民與法治教育基金會所引進的這套「超級公民」書籍，引用實際發生的事件，以簡潔易懂的文字，採用引導討論的方式，帶領讀者思考、釐清觀念，很適合學生閱讀以及學校老師做為民主法治教育的教材，更符合十二年國教課綱所標榜的「素養」導向的編寫模式，值得推薦給教育界人士及社會大眾參考使用。

　　民間公民與法治教育基金會長期關注國內的民主法治教育，引進、編撰合適的教材、資料給老師、學生使用，每年更舉辦「全國公民行動方案競賽」，對於國內民主法治素養的提升貢獻卓著，也令人感佩！如果能對基金會有所苛求，相信也是基金會正在努力的目標，那就是出版以本土案例撰寫的「超級公民」套書。我們期待，更感謝基金會的努力與付出。

一本沒有標準答案的書～大人都可以上的課程

財團法人蘇天財文教基金會董事執行長　蘇昭蓉

　　這是本沒有標準答案指導我們該怎麼做的書，待書中拋出一個個我們在生活中會碰到的真實情境，激發學員們的興趣之後，再引導學員如何去靈活地思考，教師則透過教材裡提供的「思考工具」，也就是一組想法和問題，用團體討論與學員間對話的形式，引導學員們學會《辨別》、《描述》、《解釋》、《評估立場》、《採取立場》、《為立場辯護》等等合乎邏輯的技巧運用，幫助我們在不同生活情境下，做出決定並採取行動。

　　種子律師們除了配合本系列教材外，亦帶領學員們運用臺灣本土議題，進入發生在生活周遭日常生活的事例的實作中，在本系列課程結束後，學員們大大提升了在生活環境中的思辯能力與批判性思考能力，深得師生們的喜愛。

　　國際扶輪 3482 地區 2019-2020 年度總監周佳弘大律師曾在扶輪社團裡分享，他個人以志工爸爸的身份在志願服務女兒就讀學校的晨光時間，使用本教材親自帶領班級內學生們上過一系列法治教育課程，之後，從導師處得知，女兒能以學習得著的思辯、思考能力協助同學解決課室內的問題，分享時，周律師的臉上散發出滿足、喜悅、令人印象深刻，也更加肯定這套課程的影響。

　　本會創辦人蘇天財先生，自受邀加入專業人士所組成的臺北西北區扶輪社以來，積極投入扶輪五大服務，為響應延續扶輪教育基金會為臺灣公民與民主法治教育所投入法治教育向下扎根的執行精神，特於 2011 年與各界共同捐助民間公民與法治教育基金會之創立，並與本會創會董事長／前國際扶輪 3480 地區總監張迺良大律師，以扶輪人超我服務之精神（Service Above Self）帶領本會持續投入與民間公民與法治教育基金會的各項出版、活動，如：美國公民教育中心所出版的全套「民主基礎——權威、隱私、責任、正義」系列、公民行動方案（一）臺灣版的翻譯出版、校園暴力防治研擬方案及各項相關活動推廣及專題學術研討等等。

推薦序

　　一路走來，本會深深感佩民間公民與法治教育基金會多年來持續努力不懈地聯結並培訓種子律師投入國小、國中、高中校園推展學習思辨的智慧與播撒正義種子的服務精神，亦得以夥伴與為傲；感謝民間公民與法治教育基金會與每位專家、律師、教師、家長、學者、志工們的熱情奉獻與與。

　　本會深感能在臺灣 2026 年邁入超高齡社會之前夕，再與民間公民與法治教育基金會合作，完成本次美國高中版臺版翻譯教材出版的意義非凡，盼望除了深入大學校園與研究所推展，亦可同時推廣至終身教育學習領域，在超高齡社會風雨欲來的重重挑戰中，藉此發揮此教材應用之廣度與深度，提升公民學習思辯的智慧，發揮創意，採取行動突破重圍，培養公民哲學性思考的能力，共同打造優質友善高齡社會的臺灣。

序

　　「民主基礎系列」介紹四個概念，這四個概念構成了美國憲政體制政府的基礎：權威、隱私、責任與正義。它們不但是了解美國政府基礎必備的關鍵詞，也是用來評估民主國家和非民主國家之間差距的重要因素。

　　自由與其他價值是立國的基礎，為了維護它們，我們必須付出一些代價或承擔一些責任。很多時候我們需要在相衝突的價值和利益之間做出困難的選擇。在這套課程中，我們將有機會針對涉及運用權威與保護隱私的情況，加以討論和辯論，也會根據不同的情況，決定應該如何履行責任和實踐公平正義。

　　你將會學到評估這些情境的方法和概念，也就是所謂的「思考工具」（intellectual tool）。思考工具幫助我們清楚透徹的思考權威、隱私、責任和正義的相關問題，形成自己的立場，並且能提出支持自己立場的理由。

　　從這套課程習得的知識和技能，有助於解決公共政策或個人每日生活處境所面臨的各種問題。藉由獨立思考、做出自己的結論，以及為自己的立場辯護，我們就能在自由的社會中成為更有效能（effective）且主動（active）的公民。

簡介

美國憲法與最高法院如何保護隱私權？

「人民有權在人身、住宅、文件與財物上保持安全，不受不合理的搜索與扣押，此權利不得受到侵犯……」

上方引述的美國憲法增修條文第 4 條，要求政府尊重我們的隱私權。如今，隱私權的範圍早已不止於保護住所家宅與人身，不受不合理的搜索與扣押。最高法院認為，隱私權還包括能夠自行決定我們要和他人分享哪些個人資訊，以及我們要如何解決一些會對我們生活產生基本影響的問題。例如：要不要結婚或者要不要生小孩。

雖然，權利法案（the Bill of Rights）未對隱私權做出明確的規定，但是最高法院發現在憲法增修條文第 4 條、第 5 條的不自證其罪特權、第 3 條禁止士兵占住民宅，以及憲法增修條文第 1 條對集會與發言的保障，是保護隱私的法源。最重要的是，最高法院認定隱私權屬於美國憲法增修條文第 14 條所要保障之「自由」（liberty）的基本要素。

隱私權是對人類自由與尊嚴的基本保障。隱私的價值不只在於隱私本身，更在於讓我們能享有財產權（property），以及享有思想、表現、宗教與良心（conscience）的自由（freedom），少了隱私權，其他這些重要的權利都會變得沒有意義。

但隱私權並非一種絕對的權利，有時個人的隱私權必須受到限制，以保障社會對於秩序與資訊的需求。身為美國人，為了要保護社會上其他的重要利益，我們該去思考及決定，隱私權何時應受到合理的限制。

這個有關隱私權的課程，可以協助你更加了解隱私權的重要性，同時協助身為自由社會公民的你，在日常生活中碰上與隱私相關的議題時，能夠更有效率地加以處理。

● 這些照片如何說明隱私的重要性？

單元目標

　　本單元將協助你更加了解隱私的意義與重要性。你將學會如何在各種情況下，辨認與描述隱私的實例，同時分辨哪些狀況是保有隱私，哪些狀況是缺乏隱私。你還會學到某些一般人用來保有隱私的共同方式，同時檢視個人與機構對於隱私的需求。

第一課　何謂隱私？

本課目標

　　本課將介紹隱私的重要性，並說明隱私在本書中的定義。上完本課後，你應該能夠分辨：哪些狀況是保有隱私、哪些狀況是缺乏隱私，同時還能描述一般人通常想要保有隱私的事項，以及在某些特定情況下，一般人可能想保有隱私的原因。

關鍵詞彙

隱私 privacy
獨處 solitude
保有隱私的事項 objects of privacy

檢視隱私的程度

　　大部分的人都會與他人分享某些與自身相關的資訊，但有一些訊息，他們會祕而不宣，或者只和非常親近的朋友或家人分享。同樣的，有些事人們不會介意在公共場合表現出來，但另外有些事情，只能在私底下進行，或者只會和熟識與信賴的人一起做。

　　在這個練習裡，請分別列出哪些資訊與活動是人們：

■ 願意和陌生人分享。例如：報社記者或電視記者，圖書館員或聯邦政府普查人員。
■ 願意和同學、鄰居與其他熟人分享。

■只願意和某些好友或親人分享。

■不願和任何人分享。

　　每個問題要列出四或五項答案。可兩人一組，或者分成小組，共同完成這項練習。完成後，各組向全班同學分享答案，接著請全班一起討論以下的問題：

1. 大家所列出來的事項有什麼相似之處？

2. 大家最為保密的資訊與活動，有哪些共同的特性？

3. 假如你最想保密的資訊與活動，在電視新聞中被播放出來，你會有什麼樣的感覺？

4. 假如你不能和最親近的朋友或親人，分享某些私人的訊息，你會有什麼樣的感覺？這會對你和他們的關係，產生什麼樣的影響？

●有關你的個人資訊，哪些你願意和同學或好友分享？哪些你完全不願意與人分享？

何謂隱私？

　　如前所述，隱私包含控制或決定要和他人分享資訊到什麼程度的能力。但隱私的內涵不只於此。以目的而言，**隱私**可以定義為**獨處的權利（the right to be left alone）**。這種權利會受到不同方式的威脅或侵犯。當有人問了一些我們不想回答的問題，我們會說「別來煩我」（leave me alone）；當我們希望某個人走開，或者是覺得某人打擾或干涉我們正在做的事情時，我們也會說「別來煩我」。由此看來，隱私權可能包括：

■決定是否與他人分享資訊的權利

■獨處的權利 —— 也就是一個人獨處，遠離其他人的權利

■不受他人干涉的權利

　　我們不想讓他人發現、看到或干涉的事項，就是所謂的想要保有**隱私的事項**（objects of privacy）。隱私事項可能包括：

■一些具體的事實，例如：你的出生地，你的父母是誰，以及你的年齡或體重

■行動內容，例如：你去了哪裡，或者見到了誰

■場所（places）與所有物，例如：你的房間、盒子或衣櫥裡面的東西

■想法和感受，例如：你喜歡誰、討厭誰，害怕什麼，以及你的宗教或政治信仰是什麼

■通訊內容，例如：信件或在電話上對談的內容

檢視涉及隱私的狀況

閱讀下列狀況，把屬於隱私實例的號碼圈選出來，然後回答「你的看法如何？」的各項問題。完成後，向全班同學分享你的答案。

1. 托馬斯到自己的房間和他的朋友羅伯托聊天，因為他不想讓媽媽聽見他們的談話。
2. 有時法里德會到公園去畫畫，這樣他的家人就不會拿他的畫來嘲弄他。
3. 米莎走到史蒂芬的面前說：「籃球賽今天要開始了。」
4. 潔西和蘿蕾塔是好朋友，她們每星期六都會在購物中心內的某個地方碰面，可是她們說好，不讓別人知道這個地方在哪。
5. 坦雅到森林裡散步，忽然間她發現自己迷路了，她大喊大叫，希望有人可以伸出援手，可是沒人聽見她的叫喊，現在她真的是孤立無援了。
6. 阿莉塔拿到成績單以後，她把成績當作祕密，不讓朋友知道。
7. 雖然西奧支持派兵到海外維和的提案，但他在工作時，並沒有和朋友談論這件事，因為他知道朋友全都反對這個提案構想。

你的看法如何？

針對以上與隱私有關的實例，回答下列問題：

1. **為什麼**這個狀況是與隱私有關的實例？

2. **誰**想要保有隱私？

3. 這個人想保有**隱私的事項**是什麼？

4. 這個人想保有的隱私，是不想讓**誰**知道？

5. 你認為這個人**為什麼**想保有隱私？

學以致用

1. 列出幾項你希望大家能夠遵守的規則，以保護你在學校的隱私。準備好向全班同學說明你的規則。

2. 準備一份與隱私議題有關的剪報或一則電視新聞報導，並向全班同學說明其中的隱私問題。

3. 在上隱私課程的期間，準備一本記錄隱私議題的筆記本，在接下來的二十四小時裡，至少記下五個與隱私有關的狀況，並針對這些狀況，一一指出：
   ■ 誰想要保有隱私？
   ■ 這個人想保有隱私的事項是什麼？
   ■ 這個人想保有的隱私，是不想讓誰知道？

然後說明這個人想保有這項隱私的理由。

第二課　一般人如何維護隱私？

本課目標

　　本課將敘述一般人用來維護隱私的不同行為方式。上完本課以後，你應該要能說明，某些用來維護隱私，不讓他人看到或發現隱私事項的共同行為方式。

關鍵詞彙

獨處 isolation
保密 secrecy
在信賴關係中分享祕密 confidentiality
排除在外 exclusion

一般人會採取什麼樣的行為方式，來保有隱私？

　　以下是最常見之一般人用來保有隱私的行為方式：

1. **獨處：**一般人可能會找機會讓自己**獨處**，也就是遠離其他人。舉例而言，他們可能留在一個房間或屋子裡，或者搬到遙遠的地方去居住。
2. **保密：**一般人把想要保持隱私的事項**保密**，他們可能刻意不把這些事情告訴別人。舉例而言，你和你的朋友可能把週末計畫保密；或者說好不把你們看到或做過的事情，透露給別人知道；或可能針對收入或負債等事項保密。
3. **在信賴關係中分享祕密：**如果有人將關於私人的資訊，拿來與他人分享，並相信這個人不會告訴別人，這就是**建立分享機密的關係**。舉例而言，你將一個祕密告訴朋友、親戚或諮詢顧問，並認為對方不會把聽到的內容說出去。一般人私下告訴醫師、律師與神職人員的訊息，都是祕密的。
4. **排除在外：**一般人可能會藉由把他人**排除在外**的方式，來保有隱私或祕密。舉例

而言，你可能不讓他人窺探你的皮夾、櫃子、房間或住宅，藉此來保有隱私。有些政府機構會不准未經授權的人員，進入某些建築或進入軍事基地，以保有隱密性。

分辨一般人如何維護隱私

閱讀以下從《拯救任務》（Assignment: Rescue）這本書（作者 Varian Fry）改編而來的片段內容，同時找出其中人物用來維護隱私的不同行為方式。準備好之後，和全班同學討論你的答案。

拯救任務（部分摘文）

對數以百萬計的猶太人（Jews）以及名列納粹（Nazi）黑名單的人而言，1930 年代末期，希特勒（Hitler）在德國掌權，等於開啟了一段恐怖時代。當時，許多人穿越德國邊境，逃往未被占領的法國南部。當法國在 1940 年 6 月也陷入 Hitler 的魔掌時，這些難民就面臨被送交給蓋世太保（Gestapo）的危機。蓋世太保在集中營裡囚禁、虐待並處死他們。

希特勒政權的行為，讓一群紐約人深感震驚，他們因此組成了「緊急救援委員會」，目標是趁著蓋世太保還來不及動手之前，先把藝術家、作家、音樂家、科學家、教授以及政治人物送出法國。他們必須找對中間人，中間人不但要能夠進入法國，還要願意擔負從事祕密任務的風險。在這樣的情況下，弗萊（Varian Fry）是一個從未執行過祕密任務，但是擁有國際青年會作為絕佳掩護的人，他在 13 個月裡，透過效率一流的地下組織，成功掩護一千多名難民離開馬賽。

在三名助手的協助下——比米什負責外圍任務，弗朗西負責進行面談，蓮娜則擔任秘書——我們整天都在與前來尋求我們協助的人面談。我們把他們的名字寫在白色的檔案卡上，可是從來都沒有記下他們的地址。為了應付警方突然搜索，我們盡量避免在一堆四散的卡片上，記載著可能會被逮捕者的聯絡地址。

到了晚上，等所有的難民都離開以後，我和比米什、弗朗西、蓮娜，會一起召開員工會議，針對當天記下的所有卡片進行討論，試著針對每一個案例，決定應該採取什麼樣的行動。由於我們一直很怕警察可能在我們的辦公室裡安裝竊聽器，因此我們所有的祕密話題，都是在浴室裡面討論，而且把水龍頭開到最大。我們想，水聲可能會讓竊聽器錄下來的聲音，聽來就像一場漫長的雷雨聲，而我們說的話，應該一個字也聽不清楚。

我們所謂的祕密話題，包括假護照、假身分證、假的居留證明以及假的通行證等。另外，還包括穿越庇里牛斯山進入西班牙的祕密脫逃路線，以及最可能立即被蓋世太保逮捕的難民姓名。

●戰爭或其他形式的衝突，可能會如何改變人們的隱私行為？

我們不能透過電訊，把這些姓名傳往紐約，甚至不能在信裡面提到這些名字，因為所有的信件都會被檢查人員打開來檢查。因此蓮娜就把我們的祕密訊息，打在一條條狹長的薄紙上，然後由我和比米什、弗朗西一起，在紙條的兩端塗上白膠，等白膠乾了，我們就把長長的紙條捲成緊緊的小紙團，然後把每個紙團放進一個橡皮套裡，再用細線把開口緊緊束起。接著我們把用到一半的牙膏或刮鬍膏的底部打開，把用橡皮套套牢的紙團用力塞進牙膏或刮鬍膏裡，然後再把底部合起來，稍微往上捲一點，這樣牙膏或刮鬍膏的外表看起來，就好像一般用到一半的樣子，只要有我們認為可靠的難民要離開法國，我們就會把這些牙膏交給他，請他抵達里斯本以後，轉寄到紐約。於是，我們所有的祕密訊息就能安全抵達紐約，而且這種牙膏伎倆從來都沒有被警察識破過。

你的看法如何？

1. 在這個故事裡，誰想保有隱私或保有祕密？

2. 他們想保有什麼樣的祕密？

3. 他們想保有的祕密，是不想讓誰知道？

4. 他們採取什麼樣的行為，來維護隱私或保有祕密？

5. 這個故事中有哪些例子，是屬於以下的實例：

■ 獨處

■ 保密

■ 在信賴關係中分享祕密

■ 排除在外

學以致用

1. 針對本課描述的四種人們用來保有隱私的方式：獨處、保密、在信賴關係中分享祕密、排除在外，各畫一張畫或各做一張拼貼畫，作為說明。

2. 保護祕密的溝通內容不外洩，例如：和醫師或律師的溝通內容，為什麼十分重要？有沒有某些情況，應該透露這些機密內容？針對你的答案進行說明。

LESSON3

第三課　為何隱私對於個人及機構很重要？

本課目標

　　本課請同學考量隱私對個人以及對機構的重要性。大家將有機會在一個國會聽證會中進行角色扮演，討論戰時的新聞管制問題。上完本課後，同學應該能夠說明為什麼個人與機構要保有祕密。

 關鍵詞彙

　　機構 institution

檢視隱私對個人的重要性

　　詩篇、歌詞、散文與其他一些文學作品，可以讓我們以嶄新的方式來思考，或者可以讓我們更清楚自己的想法與感受。當你閱讀下列選錄的作品時，記得想想作者或作品中人物的觀點。這位作者想告訴我們有關什麼樣的隱私訊息？準備好和全班同學分享你的想法，然後和另一個同學一起討論，回答「你的看法如何？」的問題。

1. 選自「理所當然」（Something So Right）
（作詞者：賽門／保羅・賽門，美國歌手，1942～）

中國有座長城！

綿延千里長

為抵抗外侮，城牆穩固

我周圍也有座城牆

是你肉眼無法所見

要接近我，需要花一些時間
（版權：1973，保羅・賽門，經出版商同意使用）

2. 選自「補牆」（Mending Wall）
（作者：佛洛斯特／羅伯特・佛洛斯特，美國詩人，1874～1963）

我在造牆之前，先要弄個清楚，

圈進來的是什麼，圈出去的是什麼，

並且我可能開罪的是什麼人家。

有一點什麼，它不喜歡牆，

它要推倒它。

3. 選自「哈洛德朝聖之旅」（Childe Harold's Pilgrimage）
（作者：Lord Byron ／拜倫，英國詩人，1788～1824）

漫無小徑的林中有種樂趣

寂寥空曠的岸邊有種狂喜

無人入侵的世界自有天地

在深海之旁，音樂狂響：

我並非不愛人類，只是愛自然多些

從每一次的相遇裡，我竊取

從所有可能的狀態與所見

和宇宙融而為一，體會到的事物，

無法言喻

亦無法完全隱匿

● 為何擁有可以保有隱私的去處，對人們很重要？

4. 選自「湖濱散記」（Walden）
（作者：Henry David Thoreau ／亨利・大衛・梭羅，美國散文家，1817～1862）

最近的鄰居有一哩之遙，半哩方圓之內，極目所見絕無房舍，只有綿延起伏的山丘；四周滿布林木的地平線，唯我獨享，遠處可見從池塘邊蜿蜒而過的鐵道，以及沿林中小徑而築的圍籬，但大多數時候，我所居之處就如同大草原般荒涼孤寂，我按照往例，擁有自己的太陽、月亮與星辰，以及一個自我獨享的小小世界。

經常有人對我說，你在那裡一定很寂寞，一定希望能更接近人煙，尤其是在下雨、下雪的日子和夜裡，（但）我發現大多數時候，一個人的世界都完整無缺，有人在一旁作伴時，即使是最好的伴侶，都會很快讓人厭倦、惹人厭嫌。我喜歡獨處，我從來都沒有找到過比孤寂更可人的伴侶。

群聚的活動往往流於缺乏價值。我們見面相隔的時間很短，沒有時間為彼此發掘新價值。我們在郵局碰面、在社交場合碰頭，甚至每晚在爐邊聚首；我們生活在人群中，彼此阻擋去路，互相牽絆，我認為我們因此失去對彼此的部分尊重。

你的看法如何？

1. 賽門對人們身邊看不見的牆，有什麼樣的看法？這類牆有什麼樣的功能？又會引發什麼樣的問題與缺失？

2. 佛洛斯特認為築牆有什麼缺點？你認為有什麼缺點？有什麼好處？

3. 拜倫認為獨處有什麼好處？梭羅的看法又如何？你認為獨處有什麼好處？有什麼缺點？

4. 你是否試過在身邊築一道牆？何時試過？結果有何收穫？有何損失？你認為自己應該更常在身邊築牆嗎？還是應該減少這樣的情形？為什麼？

5. 你曾經希望一個人獨處嗎？什麼時候？如果你想一個人獨處，可是卻無法如願時，你會有什麼感覺？

6. 即使身邊有人在的時候，你是否也會感到寂寞？獨處與寂寞的差異何在？

為何隱私對機構而言很重要？

　　正如隱私對個人來說，十分重要；隱私對某些機構而言，也十分重要。所謂機構指的是經過程序所成立的組織，例如：

■ 學校與大學
■ 商業公司
■ 博物館
■ 醫院
■ 聯邦政府、州政府與地方政府

　　有些機構需要讓某些事物保持祕密。舉例而言，醫院對醫療紀錄予以保密、學校和大學對學生成績予以保密、博物館對添購新藝術品的計畫也可能需要保密、一般商業公司對推出新產品的計畫，以及行銷和廣告策略，更需要保密。很多政府擁有祕而不宣的武器或是祕密的軍事計畫；他們可能派出隱姓埋名的間諜，他們也常將一些往來信件與其他文件，列為最高機密。在民主制度下，政府的運作必須對大眾公開透明化，但為顧及國家安全的利益，有些事還是必須保密。

LESSON3

評量機構保密的狀況

　　將全班分成幾個小組，針對戰時新聞管制問題，舉行模擬的國會聽證會。首先，閱讀以下選錄的段落，找出軍方希望保密的事項及其原因。然後，分成小組進行討論，回答「你的看法如何？」的問題。最後，再依照下一段的說明，準備進行聽證會。

國會調查戰時的新聞管制措施

　　美國參議院政府事務委員會決定舉辦一次聽證會，針對軍方在戰時能夠管制新聞的程度進行調查。他們邀請了國防部與新聞媒體的證人，前來作證。

　　舉辦這次聽證會的原因何在？在1991年波灣戰爭期間，許多記者抱怨，國防部對新聞媒體設下太多限制。記者在戰場上被分成幾個小組，隨時有軍官在旁監護。他們只能去軍方嚮導帶他們去的地方，而且戰地

● 在波灣戰爭（Persian Gulf War）期間（1991年），有哪些戰事訊息是史瓦茲科夫（Schwartzkopf）將軍應該和媒體分享的？又有哪些訊息是應該加以保留的？

報導的內容在公開發表之前，一定要先讓軍官過目，如果軍官發現，其中的內容可能對敵軍有幫助，就會把相關訊息刪除。有些軍方監護人員對待記者的態度，可能過於嚴厲。

　　過去軍方在這方面的管制程序，就不太一樣。舉例而言，在二次大戰期間，記者可以在戰地自由來去，觀察內容也沒有限制。他們撰寫完畢的報導內容，先交給軍方的審查人員審閱，審查人員會把可能對敵軍有幫助的訊息刪除，其餘部分就可以順利發表。

而在波灣戰爭（Persian Gulf War）期間，記者沒有行動自由，不能按照自己的意願，隨時或隨意來去。他們接獲的通知，**不是有關哪些事情不能報導，而是有關哪些事項他們不能觀察**。有人認為，這種做法讓記者無法順利蒐集資訊，進行適當的報導。而這種對資訊取得管道的箝制，其實是一種更加嚴格的管制形式，美國大眾因此更難判斷，新聞報導是否正確，內容是否值得信賴。

從另一方面，即軍方的角度來說，他們認為媒體派出了太多記者進入戰區，讓他們很難有效控制。非但如此，媒體記者常會在現場直播的記者會上，提出一些軍方一旦回答，就會危及部隊安全的問題。而且波灣戰爭時期，各種用來採訪新聞的高科技產品，例如：現場衛星直播，以及其他現代科技等，更讓記者無法享有二次大戰時期，那個還沒有電視的時代，記者所享有的一些自由。

你的看法如何？

1. 軍方希望哪些事項能夠保密？

2. 軍方希望保密的資訊，是不想讓誰知道？

3. 軍方計畫如何讓這些資訊保密？

4. 為何軍方希望這些資訊能夠保密？

準備參加聽證會

為了準備參加聽證會，全班同學要先分成五組，每組扮演下列角色之一：

■ 國防部：你們要負責為軍方對媒體進行的限制提出辯護。

■ 廣電聯盟：你們要爭取在可能的範圍內，觀察與報導新聞事件的最大自由。

■ 美聯社：你們是報社與雜誌記者，希望能擁有完全的自由，取得各項訊息，唯一能接受的條件是在發表報導以前，先交由軍方的審查單位審查。

■ 國防政策研究中心：你們通常會運用一些合乎實際需求的論述，來支持軍方的觀點。

■ 參院政府事務委員會：身為美國人民選出的政治代表，你們試圖以推動國家利益

為目標，做出最好的決定。你們將仔細聆聽各方的說法，並試著以明智的方式，解決這個有關隱私的問題。記得同時顧及國家安全的需求，以及人民知的權利。

前面的四個小組應該先準備一段 3 分鐘的發言，針對軍方在戰時管制新聞媒體，應該扮演什麼樣的角色，說明並捍衛自己的立場。每個小組應選出 1-2 名發言人，負責向委員會說明整組的立場；但小組中每一名成員，都應該做好準備，協助回答委員會所提出的問題。

前面的四個小組進行準備的這段時間裡，參院政府事務委員會這一組的成員，應該準備一些問題，以便向每個小組提出，同時選出 1 名主席，來主持聽證會。

進行聽證會

參院政府事務委員會的主席先請全體肅靜。每個小組有 3 分鐘，可以說明自己的立場，然後在接下來的 3 分鐘裡，必須接受委員會成員的質詢。等四個小組全部結束聽證過程，委員會的成員必須針對各方立場進行討論，而且試著針對如何處理這個有關隱私的問題達成共識。委員會的討論過程應在全班同學面前公開進行，而且最後應提出一個正式的決議案，說明他們認為軍方在戰時管制新聞媒體，能夠擁有多大的自由尺度。

學以致用

1. 還有哪些其他的機構，可能掌握一些需要保密的個人資訊？他們想保密的，可能是哪一類的資訊？為什麼？
2. 有哪些你可能需要的資訊，一般機構可能以機密為由，拒絕透露？這類資訊應該保密嗎？為什麼？
3. 你認為政府可以將某些資訊保密嗎？政府想保密，可能基於哪些原因？依你看，有沒有哪些資訊，是即使政府想保密，也不應該保密的？說明你的立場。

●如何解釋不同的人在隱私行為的差異？

單元目標

　　本單元將介紹能夠說明隱私行為之所以會有個人差異的一些因素。你將了解雖然所有的社會與文化中，都有隱私的存在，但同一個社會之中，以及不同的社會之間，個人所表現出來的隱私行為，往往有其差異。我們將檢視一些常能見到這類差異的領域，同時探討其原因。

第四課　人們的隱私行為，為何有其差異？

本課目標

　　本課檢視個人隱私行為會出現差異的幾個常見原因。上完本課後，你應該能夠描述與說明個人隱私行為的相似與差異之處。

關鍵
詞彙

因素 factor
職業 occupation
角色 role
價值 values

檢視隱私行為

　　下列段落摘錄自美國作家伊迪絲華頓（Edith Wharton，1862～1937）的短篇小說《旅程》（A Journey）。請閱讀這篇小說，同時找出故事中主要人物保護隱私的行為。然後和另一位同學一起討論以下問題，並向全班同學簡短分享你們的答案。

旅程

臥車車廂陷入夜晚的沉寂，她透過潮濕的窗戶玻璃，看著稍縱即逝的燈光，以及長長一片片匆匆移動的黑影。偶爾，她會轉過頭去，透過走道那一端丈夫床前簾子的隙縫，看看丈夫的身影，心中一面不安的懷疑，他會不會需要什麼東西，會不會在叫她的時候，她根本聽不見。過去幾個月來，他的聲音變得十分虛弱，而只要她沒聽見他的呼喚，他的心中就會升起一把無名火⋯⋯她躡手躡腳走進更衣室，洗過臉、整理過身上的衣服之後，她感覺心裡好過多了⋯⋯只要再過 10 個小時，他們就能回到家了！

她來到丈夫床前，傾過身去，把窗簾拉開，做這個動作的時候，她碰到他的一隻手，那手摸起來好冷⋯⋯她再靠過去一點，把手放在他的手臂上，口裡呼喚著他的名字，他一動也不動，她輕輕搖著他的肩膀，他還是躺著一動也不動，她再度抓著他的手：那手無力地從她手中溜出，就像一件完全沒有生命的物品。沒有生命？

她再次傾身向前，緊縮著身子，以一種近乎不舒服的不情願，把雙手放在他的肩膀上，把他的身子整個翻過來，他的頭往後掉，臉看起來好小，臉上的表情很平靜，兩眼凝視著她，眼神穩定。

有好長的一段時間，她都一動也不動，只是那樣扶著他，忽然間她放手後退：一種很想尖聲大叫、放聲大喊、從他身邊徹底逃離的渴望，幾乎整個淹沒了她，讓她完全無法招架。可是，有一隻強而有力的手臂捉住了她，老天爺！如果他已經死亡的消息傳出去，他們一定會在下一站被趕下火車。

她的眼前忽然閃過一個可怕的記憶：有一次在旅途中，她曾看過一對夫婦在火車上死了孩子，結果就在中途一個莫名的車站被趕下車。她看見他們站在月台上，孩子的屍體放在兩人的中間，而這正是她即將面臨的情景，在下一個小時裡，她可能就會置身在某個陌生火車站的月台上，身旁放著丈夫的屍體⋯⋯這真是太可怕了。

●故事中的女主角可能有什麼樣的原因,必須隱瞞丈夫在火車客車車廂中意外死亡的訊息?

　　她感覺到火車的速度慢了下來,火車快要進站了!她猛力一拉,把簾子拉下,遮住了丈夫的臉。

　　一陣暈眩的感覺襲來,她在丈夫隔間所在的邊緣坐下,稍微遠離他伸直的身體,然後把簾子緊緊拉上,使他們兩人深陷於一種超現實的暮靄當中……她試著思考,無論如何,她都必須設法隱瞞他已經死亡的消息,可是她要怎麼做呢?

　　她聽見服務人員在整理她的床的聲音,車廂裡已經有人開始在活動。她以

最大的努力設法站起，跨入車廂的走道，把身後的簾子緊緊拉上。不過，她注意到隨著車廂的移動，簾子仍會微微地分開，於是她在口袋裡找了一隻別針，把兩邊簾子緊緊別在一起。現在，她可安全了……

服務人員扛著床單和枕頭，在附近來來去去，經過她身邊的時候，免不了瞥她一眼。最後，那服務人員終於說：「他還不起床嗎？根據規定，我們得盡快整理廂房。」

她因恐懼而全身發冷，車子才剛剛進站，「喔，還沒有！」她支支吾吾地說，「他要等喝完牛奶才起床，能不能拜託你去幫他拿牛奶？」

「好，等車子再度前進，我很快就會把牛奶拿來。」

火車再度往前移動時，那位服務人員拿著牛奶重新出現，她從他手上接過牛奶，坐在那裡，兩眼無神地盯著牛奶看，最後她終於意識到，那位服務人員還在一旁，等著她有所反應。

「要不要我把牛奶拿給他？」他建議，「喔，不用了。」她大聲說著，站起身來，「他，我想他還在睡吧！」

她等著服務人員走開，然後把簾子上的別針拆下，閃身走進簾後，在半顯幽暗的斗室內，她丈夫的臉龐向上凝視著她，像是一張鑲了眼睛的大理石面具。她伸出手去，把他的眼瞼闔上，接著她忽然記起那杯牛奶，那杯牛奶要怎麼辦呢？她想把牛奶拋出窗外，但是要這樣做，她一定得傾過身去，越過他的身體，這樣她的臉龐就得靠近他的臉。她決定把牛奶喝掉。

過了一會兒，那位服務人員又回來了。「我什麼時候要把他的床收起來呢？」他問。「喔，還沒有，他生病了，病得很重，能不能讓他就像現在這樣躺著？」服務人員收起空的牛奶杯走了……

忽然間，她發現自己眼前浮起火車抵達紐約後，會發生的情景的畫面。她渾身顫慄，因為她忽然想起，到時他的身體已經相當冰冷，一定會有人發現，他一早就已經死亡。

她心想：「如果他們看見我沒有露出驚訝的表情，一定會起疑心，一定會

問我一些問題，而如果我把真相告訴他們，他們一定不會相信，沒有人會相信的！好可怕！我一定要假裝我不知道，當他們拉開簾子的時候，我一定要很自然的走上前去，然後我一定得大聲尖叫！」她心想，到時候要尖叫一定很難。

●故事中的女主角採取什麼樣的行為，來隱瞞丈夫在火車客車車廂內死亡的祕密？

你的看法如何？

1. 故事中的主角想保有什麼隱私？

2. 故事主角採取什麼行為來保有隱私？

3. 這些隱私行為是「獨處」、「保密」、「在信賴關係中分享祕密」、還是「排除他人」的實例？

4. 為故事主角解釋她的隱私行為。她為何要這樣試圖保有隱私？

有哪些因素會對隱私行為造成影響？

　　每個人所想要保有的隱私，以及用來維護隱私的行為，時常跟別人不同。我們如何解釋這些差異？生活中有各式各樣的因素或者說要素，可以用來解釋人們隱私行為的差異。以下是一些會對個人隱私行為產生影響的典型因素：

1. 家庭：一個人的家庭環境可能會影響他／她的隱私行為。例如：

■ 在拉托亞的家裡，沒有人會談起休伯特叔叔的事，尤其是在祖母的面前，因為休伯特叔叔幾年前陷入嚴重的憂鬱狀態，而且自殺了。

■ 奧克薩娜和祖父母、七個兄弟姊妹，一起住在一間狹小的公寓，裡面很擠，沒有人擁有自己的私人空間，她夢想能有一間自己的房間可以獨處。

2. 職業或角色：個人可能會因為工作或角色的要求而必須保有隱私。例如：

■ 麥克是知名的專業運動選手，為了避免受到記者和球迷騷擾，他只讓信得過的人知道他的住址和電話號碼。

■ 桑妮雅在一間大公司的產品發展部門工作，她必須承諾會保守機密，並且不和朋友討論她的工作。

3. 個人經驗：維護隱私的方式，可能會受到個人過去經驗的影響。例如：

■ 幾年前，法蘭克向一位信得過的朋友私下分享了一些事情，但是朋友卻向全班同學揭露法蘭克說的話。法蘭克因此感到很尷尬。此後，法蘭克就不再相信任何人會保守祕密，也不再讓其他人知道他的私人想法。

■ 瑪蒂娜的家人總是把問題拿出來公開討論。當她成年以後，也幾乎沒有什麼事是不能拿出來和朋友討論的。

4. 保有隱私的機會：一般人生活環境中保有隱私的機會，可能會影響他們的行為。例如：

■ 喬治・歐威爾（George Orwell）在《1984》這本書裡，描述了一個特殊的社會，在這個社會裡，每個家裡都有一種特殊的電視螢幕，讓政府可以監看與監聽每個人的一舉一動、一言一行。書中主角溫斯頓・史密斯（Winston Smith）發現有一間商店樓上的小房間裡，沒有這種電視螢幕，雖然那間房間很小、又破又舊，但對史密斯來說，卻宛若天堂。

■ 很多居住在大城市裡的人，在疏離的人群當中，保有了個人的隱私。

5. 對隱私的重視程度：個人本身、家庭或文化背景對隱私的重視程度，可能引發不同的隱私行為。舉例來說：

   ■ 有些在小鎮上長大的人，可以和鄰居分享生活中所有的點點滴滴。

6. 其他相對重要的價值：即使高度重視隱私的人，有時在某些特定的情況下，也會碰到對他們來說，比隱私更重要的事物。例如：

   ■ 在馬克‧吐溫（Mark Twain）所寫的《湯姆歷險記》（The Adventures of Tom Sawyer）裡，湯姆和哈克彼此發誓，絕對不會把看到謀殺案的事對外透露，可是後來湯姆基於良心的召喚，決定出庭作證，解救一名無辜被控犯下這件罪行的人。

7. 個別差異：這種差異有時會讓人在面對有關隱私的問題時，做出不同的選擇。例如：

   ■ 賈邁爾和伊萊是同校的高中生，兩人都有很多朋友，也都很喜歡和朋友聊天。賈邁爾幾乎不介意告訴朋友任何事情。相反的，伊萊有些事不讓朋友知道。

檢視隱私行為的因素

　　和一位同學一起探討以及回答下列問題。你們可以運用前面隱私行為的例子，或是從自己的經驗和想像去舉例說明你們的答案。準備好後和全班討論你們的答案。

1. 一個人的家庭環境與過去的經驗，會對他／她的隱私行為產生什麼樣的影響？
2. 一個人會如何基於職業或角色的因素，而必須維護某些隱私？
3. 人們不同的價值觀，如何說明隱私行為的差異？
4. 保有隱私的機會不同，如何說明隱私行為的差異？

● 有哪些因素可以說明名人的隱私行為？

評估不同的職業如何影響隱私行為

　　全班同學進行角色扮演的活動，模擬參加兩個電視談話節目。討論的主題是不同職業對隱私行為所產生的影響。全班半數的同學扮演第一組，負責檢視某些職業如何對個人的隱私行為產生影響。另外一半的同學扮演第二組，負責檢視某些職業，如何被要求侵犯或保護他人的隱私。各組並應推派一到兩名同學，擔任訪問人的角色，帶領並主持討論過程，同時負責對其他組員提問。

　　第一組：組員應各自扮演下列職業的角色，並清楚敘述該職業如何影響角色個人的隱私需求：

■ 魔術師
■ 電影男／女演員
■ 發明家

■政治家

■作家

■律師

　　第二組：組員應各自扮演下列職業的角色，並清楚說明該職業要求該角色如何侵犯或保護他人隱私。

■報社記者

■訪談節目主持人

■警官

■醫師

■私家偵探

■心理醫師

　　第一組進行討論時，第二組組員扮演觀眾的角色，反之亦然。

學以致用

1. 將你的隱私行為和本課提到的實例，加以比較。有哪些因素可以說明其中的相似或差異？

2. 哪些因素可以說明你的隱私行為與朋友的隱私行為的差異性？哪些因素可以說明你和朋友的隱私行為的相似性？

3. 從事某些工作的人，例如：頂尖的運動選手或政府官員，是否應該比一般人擁有更少的隱私？為什麼？

MEMO

LESSON5

第五課　不同的社會如何處理隱私議題？

本課目標

　　本課讓同學檢視不同的社會之間，以及同一個社會之中的不同世代，處理隱私問題的方式。上完本課後，你應該要能說明隱私行為的社會相似性與差異性。

每個社會用來維護隱私的方式，有哪些差異？

　　所有社會都有需要維護的隱私。然而不同社會之中的人們，想要保有隱私的事項，以及用來維護隱私的方式，可能有所不同。即使是在同一個社會中，不同世代的人所採取的隱私行為，可能也大不相同。舉例而言，有些人認為年齡應該保密，而有些人可能願意透露自己的年齡，但是對於揭露自己的宗教或政治信仰，則感到不自在。在某些文化裡，人們總是私下進食，因為公開進食被認為是一件不禮貌的事。

　　一般人用來維護隱私的方式，可能也會有所不同。譬如：在某些社會裡，人們建築房舍時，會採用隔音牆來加強隱私。但是在其他的某些社會裡，隔間牆的厚度則可能很薄，聲音能輕易穿透。在這樣的社會中，人們會刻意不去傾聽或者假裝沒有從隔牆聽到聲音，以維護彼此的一種隱私感。

　　社會是複雜的。在某些情況下，一個社會中的人們在交談時，只要彼此距離遠於一英尺以上，可能就會感到不自在。相反的，另一個社會的人們在交談時，彼此距離短於一英尺，可能會感到不自在。如果來自這兩個不同社會的人在一起談話，你想會發生什麼樣的狀況？

　　在以下的練習中，你將檢視來自不同世代與不同社會的人，隱私行為的相似與差異。

檢視另一個文化中的隱私

　　仔細閱讀以下選錄的內容。在閱讀時，試著找出祖尼族（the Zuni）的隱私行為，並思考出現這種隱私行為的原因，回答「你的看法如何？」的問題，準備好後和全班同學討論你的答案。

隱私與祖尼族

　　祖尼族是美國印地安人當中的一族，居住在美國的西南部。祖尼族的房子通常都不小，每間房屋住著旁支衍生的家族。女兒結婚之後，會把她丈夫帶回來同住。祖尼族典型的房子有八個房間，可以住上 20 個人左右，其中四個房間作為公共用途—也就是客廳、廚房、儲藏室和工作室。每個已婚的女兒都有自己和家人專屬的臥室兼工作室，各個房間之間有內部的門窗相通，每間房屋的外圍地區，則有家庭成員負責守候，這樣只要隨時有人來訪，家人就可以做好準備，利用這種方式，全家的活動就可以保有隱私。

● 有哪些因素可以用來說明，祖尼族人用來維護隱私行為的不同方式？

　　祖尼族人的房子裡，最私密的一塊區域，就是全家的儲藏室，以及每間臥室內的儲藏區域。因為，他們神聖的宗教物品都放在這些地方，而他們認為這些物品充滿力量，未經授權的族人，甚至不敢去碰觸使用這些物品，就連存放這些物品的房間，都是訪客不能走訪的禁地。

　　當他們使用這些物品進行宗教儀式時，就必須發揮最大的保密力量，所有未經授權的祖尼族人與外族人，都不能進入相關區域，採取了這些必要的措施之後，宗教活動才能自由進行，不受外界的干擾，而所有相關的訊息，也才能保密而不外洩。

　　相關的宗教物品與儀式保持隱密，其實有很多方式，例如：禁止從房子的外面透過窗戶向內窺探；尤其是在晚間向內窺探，這是禁忌。1890 年時，有兩個人就因為透過窗戶向屋內窺探，結果被認為是巫師，而受到審判與痛打。即使到了今日，大多數祖尼族的房屋外面，都還是有戶外照明設備，以便於夜間警戒，同時還有守衛犬看守，警告外人不要隨便闖入。而當他們進行宗教儀式時，一定會有人在屋子內外守衛警戒，維護安全。另外他們還有堅實的外牆。一般族人在日常生活中，也都強調尊重禁忌，保持良好的儀態，這些都有助於祖尼族人維護社區的隱私與祕密。

你的看法如何？

1. 祖尼族人想保有的隱私或保密的事項是什麼？
2. 他們想保有的隱私或保密的事項，是不想讓誰知道？
3. 祖尼族人採取什麼樣的行為，來保有這類的祕密？即如何保有隱私？
4. 你認為祖尼族人為何想要尋求保有這類的隱私？

找出隱私行為的差異

　　仔細閱讀以下選錄的內容。在閱讀時，試著找出作者所敘述的，不同社會與不同世代的人之間，隱私行為有什麼樣的差異，然後回答「你的看法如何？」的問題，準備好和全班同學討論你的答案。

隱私權是一種神話

作者：布魯諾・貝特漢（Bruno Bettelheim）
選自《週六晚報》（The Saturday Evening Post），1968 年 7 月 7 日

　　現在一個人無論到了哪裡，似乎隱私權都會不斷受到攻擊，不是受到外界聲音與資訊的嚴重干擾，就是有某些企業或政府機構會問些不太恰當的問題，試圖挖掘一個人內心最深處的感受。這年頭難道沒有隱私、沒有屬於個人最神聖的東西了嗎？在這個國家裡，一個人難道不能只過自己的生活，不受他人的騷擾？我們不是都很討厭這類干擾嗎？那我們為何要允許這類不顧隱私的狀況存在？

　　最近有一天晚上，我一個人閉門在房間內獨處時，一直在深思這些問題。正當我要把這些想法寫下來時，目光忽然瞥見我掛在桌前牆上的圖畫，讓我不禁自嘲起來，那是一張布勒哲爾的畫，畫中滿是人群與生氣，每個人都汲汲營營，忙著做自己的事，而顯然因為有他人在場，讓他們忙得更加起勁，他們似乎不想要隱私，也不需要隱私。這是為什麼呢？我們對隱私的熱切需求，難道只是最近的一種短暫現象，注定很快就要消逝無蹤？

　　我年輕時，在唸書的時候房門一定要緊閉，每件事都得保持安靜。唯有如此，我才能專心從事眼前的工作，不受任何事物的干擾。可是，我的子女覺得最好的讀書狀態，卻是房門大開，音響聲音開到幾乎快爆掉，而就在這種極端不同的場景裡，他們的學習效果和我幾乎無分軒輊。那我為何還需要隱私？他們又為何似乎不需要隱私？

　　這個問題的答案或許在於，當我們和（對我們而言）象徵最高價值的狀態最為接近時，就能有最佳表現。我生長在大眾文化蓬勃發展之前的年代裡，因此必須先為自己創造一個強調個人獨特性與個別發展的場景，才能專心從事一項學習任務，而這件任務設計的目標（無論我是否意識到這點），就在於達成高度的個人獨特性。至於我的子女也為了同一個理由，必須在工作時強調群體性，披頭四（the Beatles）的音樂讓他們更有信心，就好像我私下讀書的狀態讓我更有信心一樣，那種音樂讓他們感覺到，即使是一個人在書房裡，他們還是能和生命中最重要的事情有所接觸：亦即一種和同儕相連的感覺，對隱私的態度改變得有多快啊！我心想……。

　　我的父母生長在維多利亞時期，他們外出用餐時，喜歡選擇寬敞的餐廳，每張桌子要和彼此相隔很遠，但現在的年輕人卻喜歡在狹小的迪斯可舞廳裡擠在一起。嬉皮（hippies）還認為，很多人睡在同一個房間裡也沒什麼……。

　　從歷史的角度而言，隱私一直是一種很少人能夠享有的奢侈。還沒有多久以前，全家人都只能住在一個房間裡，當時沒有人擁有任何的隱私，一個人不能把東西藏在衣櫃裡，因為當時根本沒有衣櫃，到了殖民時期，即使是最為富裕的家庭，也必須真的很有錢，才享有分開的臥室，一間給父母親睡，另外一間給所有的孩子一起睡……。

　　學者路易斯·芒福德（Lewis Mumfod）於其作品寫道，改變中世紀房屋形式最劇烈的變化，就是隱私權的意識抬頭。這表示在實際生活中，可以按照自己的意願，退出群體生活與群體利益。睡眠的隱私、飲食的隱私、宗教與社會儀式的隱私，最後再到思想的隱私……在 13 世紀的城堡中，有人注意到貴族的領主擁有一間私人的臥房……而在義大利，只有最上層的貴族擁有床第之間的隱私……。

　　這種對隱私的嚮往和人對私有財產愈來愈重視有關，我的家就是我的城堡。在自己的家裡，我自然受到保護，沒有人會來侵犯我的隱私。最早宣稱要保有隱私的，就是城堡的領主，一個人只要沒有屬於自己的場所，就無法保有隱私。

　　一個社會的階級愈分明，其中特權階級要求的隱私就愈多。由此就很容易了解，一個試著打破階級結構的社會，也會試著排除隱私，要求生活中有愈來愈多的領域趨向開放透明。

比較難以了解的是，只要每個人的一切事物都公開透明化，就不需要有情報人員，不需要有複雜的間諜系統，以及竊聽技巧，來探察人們的言行舉止與思想內容。以色列一種名為奇布茲（the kibbutzim）的社區化農莊生活，就可以證明這一點。該社群中，沒有犯罪行為、青少年問題

● 在以色列奇布茲這樣一個沒有犯罪及其他反社會行為的地方，其隱私的概念會是什麼樣子？

或其他的反社會行為。他們沒有警察，因為根本不需要警察，這是因為在那個地方，每個人的生活方式都比我們要更加群體化、更加公開。以我個人而言，我走訪奇布茲時由於缺乏隱私，總有一種窒息感，但對他們成功控制反社會行為的做法，我也不能假裝視而不見。

現代城市生活有許多無法解決的問題，其中包括街上充滿各種恐懼。或許，這類問題的解決之道，與市區重建或不斷擴充城市內部的警力無關。依我之見，我們只需要回歸到規模較小、較為自給自足的社群生活型態，讓目前生活中屬於隱私的部分能夠大量公開，讓我們能加強分享的比例，更加了解彼此的狀況，就能解決這類問題。

想了這麼多，我最後的結論是什麼呢？儘管有這些林林總總的考量，我對隱私的珍視還是絲毫未減，而且我仍然深深痛恨任何侵犯隱私的行為……。

無論是中世紀那種完全缺乏隱私的生活，或是無所不在的間諜偵察系統（a Big Brother's spying），讓所有事物都無所遁形，都是行不通的做法。我們應該努力的方向，就像所有人類最重要問題的解決方向一樣，是要在生活中該被尊為隱私的部分，以及多少屬於公共領域與團體生活的部分之間，尋找一個正確的平衡點，這樣，我們的生活才不會淪為封閉的堡壘，或者純粹都是公共的領域。

你的看法如何？

1. 根據作者的敘述，隱私行為在他的世代以及他子女的世代之間，有些什麼樣的差異？而在他父母的世代與他的子女的世代之間，又有什麼樣的差異？

2. 作者描述了哪些隱私的歷史性發展？你認為中世紀缺乏隱私的生活，可能有哪些益處與代價？

3. 根據作者的敘述，以色列的奇布茲農莊採取了什麼樣的隱私行為？他的觀察讓他針對現代城市中尚未解決的問題，提出什麼樣的建議解決方案？

4. 你對隱私的態度和作者比較起來如何？你認為生活中的公領域與私領域之間，如何才能達到正確的平衡？

● 學以致用

1. 想像你在一家建築公司上班。設計一間自己希望居住的理想建築，然後說明這間建築如何反映了你對隱私需求的看法。

2. 《格列佛遊記》是約翰森・史威福特（Jonathan Swift）的知名作品，書中描述了好幾個想像出來的文化世界，同時針對其中居民的隱私行為，提出了許多實例。閱讀這本書，然後比較其中兩個不同文化世界人們的隱私行為。向全班同學報告你的比較結果。

3. 以一個住在美國、希望保有隱私的人為主角，撰寫一篇故事。在這篇故事裡，描述這個人想保有什麼樣的隱私，以及你認為這個人採取這類隱私行為的原因所在。

4. 在你的隱私學習筆記裡，寫下至少三個你心目中有關隱私的疑問。

UNIT 3

● 這些照片反映了哪些隱私的益處與代價？

單元目標

　　維護隱私會產生某些結果，有些是益處，有些則是代價。若要針對隱私的議題做決定，認清並考量保有隱私的結果是很重要的。如果你要決定，在某個特定的情況下，是否應該維護隱私，就得思考可能會有的益處與代價。

　　本單元將辨識一些保有隱私常見的益處與代價，探索在某些特定情況下，保有隱私會有哪些結果。我們也將會發現，在某些特定情況下，是否該保有隱私，不同的人，也會有不同的看法。

LESSON6

▌第六課　保有隱私可能會帶來哪些結果？

本課目標

　　同學在本課將檢視一些保有隱私可能帶來的結果，並將這些結果分類為益處或代價。本課將帶你考量保有隱私的結果，從而評估針對隱私議題所能採取的不同立場。上完本課之後，同學應該要能夠說明某些隱私共通的益處與代價。

關鍵詞彙

協助搜查令 wrist of assistance
一致性 conformity
極權主義者 totalitarian
創意 creativity
刺激思考 intellectual stimulation

檢視保有隱私的結果

　　將全班同學分組，各組閱讀下列各項情況後，將每種狀況中保有隱私可能產生的結果條列出來，並將這些結果區分為益處（好處／有利）與代價（壞處／不利），然後和全班分享你們小組的答案。

1. 在美國獨立之前，英國官員在其殖民地會用一種名為「協助搜查令」（writs of assistance）的一般性搜索狀，在任何時間任意進入殖民地民眾的家中，搜查他們犯罪的證據。但現在，基於美國憲法增修條文第 4 條，政府官員已經不能使用一般性的搜索狀，來搜查犯罪證據；相反的，他們得先讓法官相信確實有充分的理由，可能在某個特定的地點，找到某些特定的犯罪證據，才能取得搜索狀。如果法官相信這種判斷，才會核發一種明確的搜索狀，詳細載明可以搜查的地點、要逮捕的人犯，或者要扣押的物品。

● 美國憲法增修條文第 4 條如何解除英國官員在殖民地運用協助搜查令，搜索其殖民地民宅與企業的現象？

2. 心理諮商師、心理學家以及其他某些心理顧問，會將病人與客戶的諮商內容，記錄下來，這些紀錄屬於極度機密的性質，因此，原則上，都不能對任何人洩漏。

3. 在大多數情況下，律師不能洩漏客戶在私下透露的訊息。

4. 珊卓的弟弟跟她說他得了愛滋病時，珊卓在家裡哭了又哭，可是她從來都沒有在學校顯露出她的感受。當朋友問她到底有何困擾時，珊卓只是搖頭不語。

　　綜上所述，有些保有隱私的結果是益處，有些則是代價。以下兩個段落描述的是保有隱私最常見的一些益處與代價；閱讀時請同時思考，在自己的生活中，為了保有隱私，有哪些益處與代價。

LESSON6

保有隱私有哪些益處？

自由：隱私協助人們自由的思考與行動，不必受到他人不合理的影響或控制。這種自由可以讓一個社會避免淪入由獨裁者或單一政黨完全控制的極權主義的狀態。

實例：在私底下，不會被別人偷聽到的地方，通常是一般人可以和家人、朋友暢談他人也許不會欣然接受的想法與信念。

● 在納粹統治下的德國，由於缺乏隱私，其人民的自由、安全與獨特性如何遭受損害？

安全：尊重隱私可以產生安全感，假如一個人的隱私能夠被尊重，他就會感到安心與安全。

實例：如果你的家人與朋友能夠尊重你的隱私，你就可以放心。因為他們不會在你想要獨處的時候來吵你，或者洩漏一些你原想要保持隱私的事，而讓你感到難堪。

獨特性：若是沒有隱私的話，就會跟別人承受相同的壓力，讓一個人可能無法形成自我的價值觀、信念與想法。

實例：有時在家庭、社群與整個社會中，會有不讓其成員保有充分隱私的現象。若是碰上這種情況時，一般人通常會覺得，他們必須接受整個團體或者其領袖認為是正確的信念與行為。

保護經濟利益：隱私讓一般人的想法、計畫與發明得以保密，這樣有助於他們開創與推銷新產品，並與他人競爭。

實例：假設你設計了一件短袖運動衫，你覺得一定會賣得很好，讓你賺很多錢。那你的創意就要保密，直到你真正做出可以上市販賣的產品為止。這樣，他人才不會竊取你的構想。

創意：對於富有創意性的想法或工作而言，保有隱私可能是必要的。

實例：假設你正在繪畫，而有人站在你的背後看著你的畫，你可能會覺得那個人好像在當裁判，或者擔心那個人對你的畫會有何種想法。假設有人在旁邊講話或詢問你問題，可能也會讓你覺得難以專心。

親近感：人與人之間若想培養溫暖與愛的關係，就一定要有隱私。

實例：假設你沒有地方可以和一個人獨處，或者沒有辦法與他人私下溝通，你可能就不願意表達內心深處真正的想法與感受，而且可能會覺得很難和人培養親密的關係。

辨別與描述隱私的益處

請兩人一組，回答下列問題，並舉出一些實例來說明或解釋你們的想法。

1. 你們認為人與人之間要培養親密關係，隱私真的是不可或缺的嗎？為什麼？
2. 在你們的學校或社區裡，有哪些要和別人承擔一樣的壓力？若是保有隱私如何可以擺脫這些壓力，並讓你能夠發展自己的想法、感受與生活形態？
3. 若是沒人願意尊重你私人財產的隱私，或者當你想獨處時，他人卻不尊重你的意願，你會有什麼樣的感受？
4. 隱私如何協助你展現個人創意？

保有隱私有哪些代價？

寂寞與疏離：過度保有隱私可能導致寂寞，而且與他人關係惡化。

實例：假設一個人總是不願表達自己的感受，別人可能不願和他分享內心的感覺。因為沒有人願意和一個不願提供對等資訊的人交流；而這個人少了可以談話的對象，就會感到孤獨和寂寞。

缺乏激勵與知識上的成長：人們藉由與他人的互動，來修正自己想法上的錯誤，同時吸收一些新的想法。過度保有隱私可能會阻礙思想交流，讓人無法向他人學習。

實例：有些人很怕表達自己的看法，因為怕受到他人的嘲笑，但正因為他們不願表達自己的想法，所以就很難察覺自己想法上的錯誤，並加以修正調整。此外，別人也永遠無法從他們的想法中得益。

錯誤的行為與法治不彰：隱私會讓非法行為不被發現，而且不被處罰。

實例：在不被別人看見的情況下，若私下採取行動，就可能規劃並犯下罪行，同時掩藏犯罪的證據。

財務上的代價：保有隱私可能會提高做事的成本。

實例：一家公司要讓員工有獨立的辦公室，而非讓大家都擠在一個大房間裡工作，就必須支付更高的（經營）成本。

缺乏責任：隱私讓人能在不被他人觀看的情況下工作。因此，如果事情做錯了，可能就無法找人負責。

實例：少了旁人的監督，有人可能會在工作上尋求捷徑、考試時作弊或者偷竊等。這些事情可能永遠沒人發現或無法證明是誰該負責。

辨別與描述隱私的代價

兩人一組，回答下列問題，並舉出一些實例來說明或解釋你們的想法。

1. 過度保有隱私，會不會對你的創意發展造成影響？請詳加說明。
2. 過度保有隱私，會如何妨礙個人與他人發展友誼或建立關係？
3. 維護隱私為什麼會提高做事的成本？
4. 你是否認為隱私讓人能夠犯下罪行而不被逮捕？為什麼？
5. 你是否認為隱私讓某些事情更難找到人負責？為什麼？

學以致用

1. 請在新聞報導中找尋一個有關隱私的議題，或自己編寫一個例子。另外，請準備一張表格，將在此種情境下有關保有隱私的結果條列出來，並將這些結果分類為益處或代價。最後，準備好時請向全班同學說明這個隱私的實例與議題。
2. 師生共同邀請律師或執法人員到班上來，和大家討論他／她對於保有隱私的益處與代價的看法。請事先列出一些問題請教這名來賓。

MEMO

第七課　在信賴關係中分享祕密，可能會有哪些益處與代價？

本課目標

本課針對某個特定的狀況，辨別隱私的益處與代價，同時評估這些益處與代價的重要性。另外，本課也讓學生進行行政聽證會的角色扮演，討論律師與治療師有無維護隱私的義務。

上完本課，同學應該能夠辨別隱私的益處與代價，並運用這些想法來評估有關隱私的議題，然後針對這些議題形成立場，並為其辯護。

關鍵詞彙

傳聞 hearsay

為何評估隱私的益處與代價很重要？

在針對隱私的議題做決定之前，先評量隱私的益處與代價是很重要的。我們必須先判斷，有哪些隱私的結果，對我們而言是最重要的。隱私的益處是否比代價更重要？還是我們認為隱私的代價已經超越了益處？

針對在某個特定的情況下保有隱私，到底是益處比較重要，還是代價比較重要，每個人的看法可能不盡相同。以維護學生置物櫃隱私的規定來說，每個人都會同意，這條規定的益處包括：維護學生的隱私權，以及保護學生的個人財產。每個人也都會同意，這條規定的代價包括：影響學校行政人員查獲非法藥物、武器或其他不當物品的能力。因為，這些東西可能就藏在學生的櫃子裡。

有些人或許會認為，就這項規定而言，保護學生隱私權的益處大過代價；但有些人或許會覺得，這個代價重於益處。我們將會發現，在檢視有關隱私的議題時，先考量其中的益處與代價是很重要的。

說明保密的結果

請分組來完成這項練習。一面閱讀以下改編自新聞報導的內容，一面思考要求律師或心理治療師為客戶保密的結果，最後，完成這項練習後面的活動，並回答「辨別益處與代價」的問題。準備好後和全班同學分享你們的答案。

說與不說之間的一線之隔

時報記者貝瑞．席格爾（Barry Siegel）／洛杉磯時報
1993 年 12 月 29 日

萊羅伊．菲利浦斯（Leroy Phillips）是田納西州查塔努加市的刑事辯護律師，他一向認為，擔任辯護律師的原則很簡單，就是不向任何人透露客戶的機密，不向檢察官屈服，盡力扮演政府的對手，以及被告的強力支持者。保密的特權是律師工作神聖而不可侵犯的基礎。一般人應該明白，他們可以向律師透露任何訊息，而且這些訊息絕對不會外洩。不過 1993 年 5 月的某一天，律師菲利浦斯接到一通電話，讓他對自己的信念產生懷疑。

在對方的要求下，菲利浦斯和打電話的人碰了面──一位身著平凡工作服，外表謙卑，甚至看來有點笨手笨腳的年輕人，坦承他是一起懸而未決的兇殺案的兇手。「是我幹的」，菲爾．潘恩告訴菲利浦斯，「昨天晚上我殺了那名店員，我以為她是我的前女友。」此時，菲利浦斯面臨了道德與法律難以兩全的困境：當律師拿到律師執照時，都必須宣誓將客戶透露的資訊保密。另外在田納西州，還有一項法律責任：洩漏客戶的機密屬於重罪，可能被判五年的有期徒刑。唯有當客戶直接威脅要殺害某人時，法律才賦予律師通知有關當局的義務，潘恩並未直接威脅要殺害某人，他只間接暗示自己可能再度犯下殺人的罪行，律師該怎麼辦呢？

以下是潘恩的故事：兩個星期以前，潘恩試著重新造訪九年前曾經交往過的女朋友，不過女孩拒絕了他。潘恩在心煩意亂的情況下，進了一間酒吧，

整晚都在裡面喝啤酒。離開酒吧以後，他回到女孩的住處，計畫要殺害她，不過她沒有來應門，潘恩只好開著車子四處亂逛，最後完全弄不清楚自己身處何方，過了一陣子，他在一間 24 小時營業的超級市場停下來抽菸，看見裡面有一名女店員正在沖泡咖啡，就想起前女友為他沖泡咖啡的模樣，他的腦海中「浮現」的是前女友的身影，而非一名不認識的女店員。他掏出一把槍，槍殺了那名女店員，然後開車回到母親的住處，上床睡覺。

● 犯罪嫌疑人應該擁有什麼樣的隱私權？

　　律師問：「你希望我怎麼辦？」潘恩微笑著說：「我知道自己犯了大錯，而且我不希望自己再傷害別人。我需要受到懲罰，可是我也希望有人能夠幫助我。」這番說法，讓律師陷入不知所措的困境。如果律師把潘恩交給警察，而且潘恩後來認了罪，那潘恩就會吃上牢飯。可是，潘恩似乎不明白自己的權利，律師在道德上和法律上，都有義務向他說明，自首之後可能產生的權利與

後果。於是，菲利浦斯說：「如果你去找警察，他們可能會讓你一輩子都關在牢裡，如果你透過我去找他們，他們可能會強制你住進醫院，而如果你有精神方面的疾病，你就有接受治療的權利，你希望是這樣的結果嗎？」「是的，我希望如此。」

菲利浦斯律師去拜訪了地方助理檢察官史丹・蘭佐，把潘恩擁有幻覺，承認殺人，卻又似乎精神不正常的事，告訴了助理檢察官。律師說：「我很為他的女朋友擔心，可是他並沒有說他計畫殺害自己的女友，因此就法律上而言，我不能檢舉他。」助理檢察官聽著律師的建議，說要提出申請，讓潘恩住進醫院接受檢查，這樣律師的當事人潘恩就不會在街上繼續為非作歹，而且無論潘恩對醫師透露什麼樣的訊息，都只能做為精神是否正常的診斷依據，而不能做為是否犯罪的判斷基礎。現在，助理檢察官也陷入了兩難的困境：菲利浦斯是律師，而非心理治療專家，身為地方檢察官，他不能光憑一位律師的分析，就判定應該如何處置潘恩。

潘恩持續逍遙法外，讓律師越來越擔心潘恩前女友的處境。但如果律師把潘恩的祕密告訴別人，可能會受到田納西州律師公會的譴責，甚至可能因此被控告。菲利浦斯律師轉向一位臨床心理治療師喬治・伯考 (George Bercaw) 求助，這位心理治療師對潘恩進行一連串的心理測驗，幾個星期後，心理治療師鼓勵律師透過檢察官來解決這件事，不過當時律師菲利浦斯並不是太擔心。

1993 年 7 月，心理治療師伯考接到一通潘恩的母親打來的電話，說潘恩失蹤了，心理治療師於是聯絡菲利浦斯律師。律師的第一個直覺是，要聯絡潘恩的前女友，但馬上他又想到：自己怎麼能夠這樣做？這樣他會違反當事人對律師的信任。一個小時以後，律師的電話響了，是潘恩打來的，他說他這段時間裡，大半時候都開車在女友住處的附近亂繞，還到一個墓園裡，去和女友已逝的母親聊天，同時傾聽墳墓裡傳來的聲音。心理治療師明白，潘恩確實很危險，而且可能會自殺，於是心理治療師決定，道德上的義務應該遠勝過法律責任，尤其是潘恩的母親已經指出，潘恩曾經說過要殺害女友，然後自殺。心理治療師把這項訊息透露給律師，他說：「菲利浦斯，我知道你身為律師，有律師該盡的義務，可是我相信，法律賦予我的彈性比較大，根據法律規定，假如我覺得他可能對自己或對他人造成危險，就可以舉發他。」

律師告訴他的當事人：「心理治療師伯考先生認為你病得很嚴重，他相信

你需要幫助，而且應該去自首，他們會把你關進牢裡，但最後還是會讓你接受檢查，看你需不需要住院接受治療。」潘恩同意這項安排以後，律師警告他，記得只把相關事項告訴醫師，不要告訴警方。

　　潘恩進了警局拘留室，但拒絕向警方透露相關事項，而由於警方也沒有確切證據可以指控潘恩，助理檢察官因此向律師表示，他們已經準備要放潘恩出來。此時，律師對潘恩以及潘恩前女友的安全問題感到非常擔心。因此，律師對助理檢察官說：「如果你們把他放出來，你們就要負完全的責任。」後來，潘恩打電話給律師，說他已經回到家了，律師於是決定，要解決這個問題，就得讓媒體注意到這件事，同時他還派了一名調查人員，去拜訪潘恩的女朋友。

●有關當事人的哪些資訊，律師應該保密？

　　媒體的注意迫使地方檢察官採取行動。不過，律師不願讓他的當事人立即認罪，助理檢察官因此建議潘恩放棄維護自身祕密的權利，這樣心理治療師就可以公開說明自己所了解到的事項，而不必擔心道德與法律上的追究。

由於律師讓當事人放棄自己的權利，可能違反了職業倫理，必須面對來自田納西州律師公會專業責任委員會的譴責，而心理治療師讓當事人放棄了憲法保障的權利，同樣也因此受到批評，他收到了一封田納西州心理協會寄來的警告信函。

辨別益處與代價

第一組：律師的保密義務

1. 除非當事人直接威脅要殺害某人，否則律師不得洩漏當事人坦承的內容，請列出四或五項律師遵守這項義務可能引發的結果。
2. 請在你們認為是益處的結果後面加上 B，在你們認為是代價的結果後面加上 C。
3. 你們認為辯護律師在這個案件中所採取的行為是否恰當？為什麼？你們認為碰到這樣的情況，應要求辯護律師採取哪些行動？利用前面列出來的益處與代價，來說明你們的看法。

第二組：心理治療師的保密義務

1. 除非當事人直接威脅想要傷害某人，否則心理治療師不得洩漏當事人坦承的內容，請列出四或五項心理治療師遵守這項義務可能引發的結果。
2. 請在你們認為是益處的結果後面加上 B，在你們認為是代價的結果後面加上 C。
3. 你們認為心理治療師在這個案件中所採取的行為是否恰當？為什麼？你們認為碰到這樣的情況，應要求心理治療師採取哪些行動？利用前面列出來的益處與代價，來說明你們的看法。

評估違反保密原則的行為，採取立場，並加以辯護

假設田納西州律師公會以違反「律師不得洩漏當事人機密」這項職業倫理為由，控告律師菲利浦斯，而田納西州心理協會也以類似的理由，指控心理治療師伯考。

這兩個組織都將召開行政聽證會，以處理這兩個案件。第一組扮演律師公會的聽證會，第二組則扮演心理協會的聽證會。每一組都應再分成三個小組：第一小組負責扮演聽取證詞的官員、第二小組負責扮演支持專業組織提起訴訟的擁護者、第三小組則負責扮演為被告辯護的律師。

第二小組支持專業組織的擁護者提出的證詞，應說明被告為何應遭受譴責或懲處，負責為被告進行辯護的辯護律師提出的證詞，則應說明他們為何不該受到申誡或懲處。這兩個小組都應選出 1-2 名發言人，負責說明己方的立場。

在擁護者與辯護律師準備證詞的同時，聽取證詞的官員應準備一些問題，以便向雙方提問，同時應選出 1 名主席，負責主持聽證會。支持專業組織的小組應該最先發言，然後由辯護律師提出證詞，聽取證詞的官員可以隨時打斷雙方的發言，提出疑問。

每一邊發言的時間長度是 10 分鐘，包括提問與回答的時間在內。等雙方都發表完證詞之後，聽取證詞的官員應就雙方提出的論點加以討論，達成決定，並向全班同學說明最後的決定。

學以致用

1. 寫一篇故事或畫一幅畫，描繪對你而言或對你認識的某人而言，保有隱私十分重要的某個片刻，然後把在故事中或畫中保有隱私的益處與代價列出來。最後，再判定其中的益處是否超越了代價，並說明原因。

2. 田納西法規明文規定，除非當事人直接威脅要殺害某人，否則律師洩漏當事人的機密，就視為一種犯罪行為。研擬一項法案來修正這項法規，準備一些論點，來支持新法案修法的內容。

LESSON8

第八課　政府保密可能會有哪些益處與代價？

本課目標

　　本課將檢視容許聯邦政府保守祕密的益處與代價。本課探討的議題是一篇有關越戰的報告，在未經授權的情況下，被「洩漏」給《紐約時報》與《華盛頓郵報》的記者。本課讓學生扮演最高法院聽證會中的角色。在這場聽證會裡，政府試圖阻止報社發表這篇報導。

　　上完本課後，同學們應該能夠說明自己針對案例中的隱私議題所採取的立場。同時還要能夠解釋，何以考量隱私的益處與代價，對於評估隱私議題、採取立場並為立場捍衛，會有很大的幫助。

關鍵詞彙

行政單位 executive branch
禁制令 injunction
事前的限制 prior restraint

批判思考練習

檢視政府的隱私

　　以下選錄的內容，是以最高法院「五角大廈報告案」（New York Times Co. v. United States.）為基礎。仔細閱讀以下內容，並將全班分組，一起評估案例中保密的結果，並且召開模擬聽證會。

五角大廈報告案 [1]

　　美國被捲入越戰的事實，在美國國內引發極大的衝突。到了 1967 年時，已經有 35,000 名以上的美國人在戰場上喪命、受傷或失蹤，許多美國人公開表達反戰的心聲。美國總統詹森堅決表示，要在 1968 年中之前，將派駐海外的部隊人數提高到 50 萬人以上，更導致全國性的抗議風潮愈演愈烈。在 1968 年的民主黨全國黨代表大會上，數以千計的反戰示威人士和芝加哥警方發生激烈衝突，尼克森總統上台以後，抗議規模更是愈來愈大。1969 年 12 月，25 萬名反戰示威人士走上華府街頭，反對尼克森總統逐步撤兵的計畫；另外全國各地，也有成千上萬的民眾，參與反戰示威。有些地方的示威活動演變成劇烈衝突，1970 年 5 月 4 日，被徵召來維持秩序的國家保衛隊官兵，在俄亥俄州的肯特州立大學槍殺了四名學生，到了 1970 年 5 月 14 日，州政府警察也在密西西比的傑克森州立大學，槍殺了兩名學生。

　　1971 年 6 月，《紐約時報》與《華盛頓郵報》取得了一份內容長達七千頁的機密報告，標題是〈美國越南政策的決策過程發展史〉，這份由前政府雇員丹尼爾・艾斯伯格（Daniel Ellsberg）在未經授權的狀況下洩漏出來的報告顯示，美國政府在美國涉及越南事務的相關事項上，誤導了美國大眾。

　　當報社開始刊登報告中的內容摘要時，美國政府提起訴訟，要求發出禁制令 [2]，禁止報社進一步刊登報告內容。

　　美國政府宣稱，公開這份機密報告的內容，將危及某些人的性命，使協商和平條約的努力受挫，同時妨礙他們營救戰俘的工作。非但如此，美國政府還主張，行政單位所負的國家安全之責，是最基本的責任。因此，總統應該被賦予禁制令，只要即將公開的資訊可能對公眾利益造成嚴重而無可彌補的傷害，無論報社是如何取得這些資訊，總統都可以運用禁制令，禁止他們刊登相關報導。

---

[1] New York Times Co. v. United States. 一般也被稱為：the Pentagon Papers case. 此案例是由紐約時報對上美國政府。

[2] 禁制令：法院要求不得從事某種行為的命令。

LESSON8

● 艾斯柏格違法將「五角大廈報告案」的內容，交給《紐約時報》與《華盛頓郵報》，引發許多爭議，這對美國政府是否應阻止這份報告公開發表，會不會有任何影響？

　　報社方面則主張，無論新聞來源是什麼，美國憲法增修條文第1條都禁止在事前對新聞報導提出任何的限制。他們認為美國憲法增修條文第1條的主要目的，在於杜絕一般常見的、美國政府封鎖尷尬資訊的狀況，以確保新聞媒體批判並揭露政府舞弊事件的自由。報社方面指出，他們希望刊登的資訊，有助於全國持續討論越戰相關議題，而針對大眾利益的公開辯論與探討，是保障憲法自治形式不可或缺的一部分，他們認為，政府的保密行為不合乎民主精神，只會讓官僚體制的錯誤永久成形，至於政府對這份報告刊出後，可能引發各種結果的疑慮，只是一種缺乏根據的假設。

進行最高法院聽證會

　　全班同學分成三組，進行下列活動。第一組扮演最高法院的法官、第二組扮演代表報社的律師、第三組扮演代表政府發言的律師。每一組成員都應根據上述內容，列出「政府禁止報社刊登機密報告」的益處與代價。代表報社的律師與代表政府的律師應該分別準備一段簡短的發言，說明為何政府應該有權或者不應該有權維

護報告的機密性。運用前面所列出的益處與代價，來支持發言的內容，同時選出 2-3 位發言人，負責向最高法院說明整組的立場。

在兩組律師進行準備的同時，扮演最高法院法官的小組，應該準備一些問題，以便向每組的發言人提問；同時要選出 1 名主席，負責主持聽證會。

前面兩組闡述完自己這一方的立場後，最高法院法官應針對雙方的說明內容進行討論，同時決定是否讓政府繼續維持報告的機密性。法官應以維護機密可能引發的益處與代價，來支持自己的決定。活動結束之前，全班同學應討論，針對有關隱私的議題與其他議題採取立場並加以捍衛時，考量隱私的益處與代價是否真的很有用處。

➜ 學以致用

1. 政府是否有權禁止公開有關如何製造核彈的資訊？研究「美國政府訴進步公司」（Unites States v. Progressive）一案，向全班同學報告，法院如何處理這樣的問題。說明你為何贊成或不贊成法院最後的裁決。

2. 你能否想到有任何機構（例如：學校、醫院或政府機關）持有一些有關你或你朋友的資訊，是你們不想公諸於世的？如果有，你是否贊成本課這個政府機關保密的案例？請說明你的立場。

3. 回顧第五課中學以致用的活動，所寫下與隱私有關的疑問。你認為這些問題可能的答案有哪些？把答案寫下來，然後再另外列出三個以上有關隱私的疑問。

第四單元：隱私的範圍與限制？

● 這些照片顯示出哪些有關隱私範圍與限制的議題？

單元目標

　　隱私的範圍及限制等相關問題，是民主社會的公民所面臨的重要議題之一。哪些事情我們應該讓別人保有隱私？哪些時候我們應該犧牲隱私，以維護其他的重要價值？只要有想要維護隱私的群體或個人，而另外又有一些宣稱有權探知某些祕密或者希望規範或干擾個人或群體自由的人，兩者之間就會出現上述爭議。在某些情況下，維護隱私是合理而公平的做法；但在另外一些情況下，不同的價值與利益可能比隱私更加重要。在本單元中，大家將學到一些可以用來評估與隱私問題有關的「思考工具」 —— 亦即一組概念與步驟，讓我們可以針對這類爭議採取立場，並為立場辯護。

LESSON9

第九課　哪些考量有助於處理隱私議題？

 本課目標

　　本課將介紹一些有助於處理隱私議題的考量事項，同時也讓我們能運用它們來檢視隱私與政府的執法方式之間可能引發的衝突。上完本課，同學應該能夠說明這些考量如何用來檢視隱私的議題。

關鍵
詞彙

財物 effects
資訊自由法 Freedom of Information Act
合法性 legality
法律義務 legal obligation
授權、批准 warrant
價值 values
同意 consent
道德義務 moral obligation
利益 interests
扣押 seizure
相關的考量事項 relevant considerations

政府何時可以侵擾你的隱私？

　　美國從殖民時期起，人民就深信公民在家裡應享有隱私權，以保護自己不遭受任意逮捕或不合理的搜索，而且政府官員也不能強制侵入人民的住宅房舍。美國憲

法增修條文第4條禁止政府對「人身、住宅、文件與財物」進行「不合理的搜索與扣押」。但要大家都同意「什麼才是不合理」，有時候並不容易。

　　憲法所保護的隱私權，並不是絕對的。在某些情況下，政府官員還是可以進入我們的住宅。例如：消防隊員可以到民宅救火。警察在必要時，也可以進入我

● 我們是否應堅持政府官員一定要有搜索票，才能進入我們的住宅？你可以舉出哪些實例來支持你的立場？

們的家裡，來阻止即將發生或者正在進行中的犯罪行為。另外，檢察官如果能夠說服法官讓法官相信，有充分理由顯示可以在我們的家裡找到犯罪證據，並請法官開立搜索票，授權檢察官指揮警察搜查這些證據，警察就可以進入我們的家裡。而如果獲得屋主的允許或邀請，政府官員也可以進入民宅。

　　而在住宅以外的領域，一般人對隱私的期望就沒有這麼強烈。儘管如此，美國憲法增修條文第4條還是禁止警察與其他政府官員，以不合理的方式侵犯人民的隱私權。雖然，當檢警人員發現可疑事物時，不需要取得授權，就能攔下並盤問相關人士，他還是不能只憑直覺或者在缺乏任何理由的情況下，就任意把人攔下，進行盤查。官員的行為必須是合理的，才能符合美國憲法增修條文第四條的要求。

批判思考練習

辨識美國憲法增修條文第4條中相互衝突的價值與利益

　　閱讀以下的故事，思考其中相互衝突的價值與利益，以及必須在兩者之間做出的選擇，然後分組回答「你的看法如何？」的問題。

LESSON9

傑克・佛洛斯特（Jack Frost）：公民與犯罪嫌疑人

　　佛洛斯特是美國公民。隱私是他生活當中十分重要的一部分，有了隱私，表示他在家裡很安全；他在選舉的時候能以不記名的方式投票，而且他可以思考任何的事情，不必擔心政府會來逼迫他接受政府的觀點。若缺少了隱私，他和所有其他美國人的個人獨特性與自由都將大打折扣。

　　佛洛斯特被懷疑擔任幫派首謀，可能涉及數百萬美元的竊案、大規模的毒品交易、參與數十起的傷害與謀殺案，以及牽涉其他無數的違法行為。警方希望確認佛洛斯特是否涉案。但要查明這點，警察就必須取得有關佛洛斯特從事各項活動的相關資訊。由於每個人都有隱私權，因此讓警方的調查工作變得十分困難。

你的看法如何？

1. 在上述情況中，有哪些價值與利益和隱私相互衝突？

2. 為何有時在「保護隱私」與「保護其他價值」之間，必須有所取捨？

3. 有些規則或制度，可以用來決定某人何時應該對保有隱私權做出讓步，以彰顯其他價值，為何這類規則或制度十分重要？

分析隱私議題時，應該考慮哪些事項？

　　隱私可能和其他重要的價值與利益產生衝突。在上述情況中，維護隱私的目標與執法的目標就形成衝突。在任何特定情況下，一般人對於如何解決這類衝突，看法可能大不相同。以下是一些在決定如何解決有關隱私的衝突時，所需要的相關考量事項（relevant considerations）：

同意：隱私會受影響的當事人是否**同意**自己的部分隱私受到侵犯？

■ 假如警方想搜索某人的房子或汽車，而當事人也允許他們這麼做，那麼他就是同意搜索。

■ 在機場的安全檢查站，搭乘飛機的乘客都了解，每個人得先通過金屬探測器的檢查，手提行李也得經過 X 光機器的掃瞄，才能順利登機。由於他們事先就已經了

解到這一點，而且他們可以選擇不要搭飛機，以避免隱私受到侵犯，因此可以認為，他們已經同意接受這些安全檢查。

■ 獲選擔任公職的人明白，自己過去許多的經歷與行為，會揭露在大眾面前。由於他們可以選擇不要擔任公職，就可以避免這種隱私受到侵犯的狀況，因此可以認為，他們已經同意公開揭露有關他們自身的部分資訊。

合法性：想侵犯別人隱私的人是否有如此做的**合法權利**？

■ 法官簽發的搜索票，賦予警察在特定地點搜索的合法權利。

■ 海關官員有合法權利，可以對所有穿越邊境、入境美國的人，進行搜身。

■ 1966 年美國國會通過的「資訊自由法」，賦予人民取得聯邦政府文件的合法權利，除非文件中包含某些類型的機密或保密資訊。

法律義務：一個人是否有**法律上的義務**（法律強制執行的責任）要維護另一個人的隱私？

■ 某些法律強制規定，戒酒或戒毒的顧問負有法律義務，不得洩漏當事人的身分。

■ 假如有人簽下合約，承諾會針對其中某項資訊保密，這個約定就形成不得透露這項資訊的法律義務。

■ 在憲法保障下，除非出現少數特殊狀況，否則警方負有法律義務，不得在未經授權的情況下，侵犯個人的隱私。

● 照片說明：要求公職人員透露有關自身的資訊，你認為會有什麼益處與代價？

LESSON9

道德義務：一個人是否有**道德上的義務**要維護另一個人的隱私？一種出於是非原則所賦予的責任

■ 承諾要保密的人通常就有道德義務，不得把這個祕密洩漏給別人。

■ 醫師有道德義務，不得透露病患的個人病歷資訊；顧問有道德義務，不得透露當事人私下告訴他們的事。

■ 律師有道德義務，不得洩漏當事人的祕密資訊。

描述相關的考量事項

閱讀以下改編自真實案例泰瑞對俄亥俄州案（Terry v. Ohio）的內容，思考前段所列的應該考量的價值和利益，然後分組討論並且回答「你的看法如何？」的問題。

搜身

　　警官馬丁‧麥克法登（Martin McFadden）覺得對街正在談話的兩個男人，行為舉止有點可疑。他們兩個人輪流順著街道往前走，在一間商店的櫥窗外面，向內窺伺，然後往前走一小段路，又再回過頭來，再度停在同一家店門口，最後再回到同伴身邊。就這樣，周而復始，兩人一再重複同樣的行為模式，幾乎走了十幾趟，最後兩個人一起走向那家商店。

　　「站住！」麥克法登警官高聲大喊：「把手放在牆上，雙腳分開。」

　　那兩個人照做了。麥克法登警官為這兩名嫌犯搜身，當他摸到兩個人的大衣口袋裡，都放著一個又硬又重的物體。他並不感到驚訝，這兩個物體果然是手槍。

　　「你們被捕了。」他告訴這兩個人。之後，約翰‧泰瑞（John Terry）與理查‧奇爾頓（Richard Chilton）以隨身藏匿武器的名義被起訴。兩人的委任律師有資深的辯護經驗。這名律師一得知他的當事人被逮捕時的情況，立即主張麥

克法登警官的行為，違反了美國憲法增修條文第 4 條，因此對於泰瑞與奇爾頓不利的證據不能在用於訴訟中。

● 在哪些情況下，我們允許執法官員為了搜出武器因而可對嫌犯搜身？

檢察官不同意律師的主張。檢察官說：「麥克法登警官對於一件正在醞釀中的犯罪行為，有了合理的懷疑」，「泰瑞先生與奇爾頓先生當時正在『察看』（casing）那家商店，準備持械搶劫。麥克法登警官絕對有權攔下他們，搜查他們帶在身上、很可能用來攻擊員警的武器。」

你的看法如何？

1. 泰瑞與奇爾頓是否同意讓麥克法登警官搜身？說明你的答案。

2. 麥克法登警官是否有合法權利，可以對泰瑞與奇爾頓搜身？為什麼？

3. 麥克法登警官是否有法律義務，不得對泰瑞與奇爾頓搜身？為什麼？

4. 麥克法登警官是否有道德義務，不得對泰瑞與奇爾頓搜身？為什麼？

LESSON9

學以致用

1. 如果你相信，警察絕對不該侵犯一般民眾的隱私，那麼該如何保護社會不受犯罪行為的傷害？如果你相信，警察當然可以侵犯一般民眾的隱私，那麼一般民眾如何能感到安全與自由？如果你相信，警察只有在某些特殊狀況下，才能侵犯民眾的隱私，那麼你要加諸於警察什麼樣的規則限制，告訴他們何時才能侵犯他人的隱私？

2. 想想你的學校、社區或鎮上，與隱私相關的某件衝突，運用你在本課所學的方法，來評估這件衝突。思考一下，還有什麼其他的方式，可以用來解決這件衝突，並加以判斷，什麼才是解決這件衝突最好的方式。然後向全班同學說明這件衝突的原委、應該採取的處置方式，以及採取這種方式的原因。

3. 和老師一起邀請一位可能處理隱私議題的人，例如：警察、法官、醫師、律師或市議員到班上來。請這名來賓描述一件與隱私相關的衝突，同時提出幾種不同的方式，用來解決這件衝突。

MEMO

▎第十課　執法時可能會引發哪些隱私衝突？

本課目標

　　在本課將會學習一組「思考工具」，並應用它去檢視一項有關執法的議題，探討警方是否有權要求一個人說出自己的姓名，而如果那個人拒絕透露，警察是否有權加以逮捕。上完本課後，同學應能運用「思考工具」，針對這個有關隱私的議題採取立場，並為其辯護。

關鍵詞彙　　閒晃 loitering

隱私議題的分析程序

　　在上一課裡，我們看到一些相關的重要考量，可以用來協助大家更清楚地思考隱私的議題；而在本課中，我們將把這些考量當作特定程序的一部分，用來分析有關隱私的議題。以下段落描述的程序在第 69 頁的「思考工具」表，其中包含一系列的步驟，每次你想評估一個隱私議題、採取立場或維護自己的立場時，都可以遵循這些步驟。請注意每個步驟中提到的「人」，可能是一個群體或一個機構，例如：學校或行政機關。

1. **找出要求隱私的人**：找出要求隱私的人，以及他想保有隱私的事項。他如何維護這項隱私？他想要保有這項隱私的原因何在？
2. **找出想侵犯他人隱私的人**：找出反對他人保有隱私的人，以及反對他人保有這項隱私的理由，描述他人的隱私會受到怎樣的侵犯。
3. **檢視相關的考量事項**：考慮一些與隱私衝突相關或者可能對這類衝突產生影響的事項，例如：同意、合法性、法律義務與道德義務等。看看這些事項如何運用在眼前的狀況上。

4. 評估處理這項議題的其他方式：想想看有哪些不同的方式，可以用來解決這個問題。這些方式可能包括：承認這種隱私權、拒絕這種隱私權或者達成一個折衷方案。思考各種處理方式時，記得一定要找出每個可能方案的代價與益處，並加以評估。

5. 採取立場，並為其辯護：決定一個你認為用來解決這個問題最好的方式，並說明你如此決定的理由。

評估執法的立場

　　閱讀下列狀況，並思考如果有警察叫你停下來，報出自己的姓名，你會有什麼樣的感覺。然後分成小組，回答第 69 頁「思考工具」表當中的問題，準備好之後，向全班說明你們的答案。

陌生人

　　從整個文明史看來，不同的社群團體一直在設法保護自己，不受外人的入侵。但身為美國人享有的寶貴自由之一，就是有權隨心所欲的前往各地，而且可以在各鄉鎮之間自由來去。不久之前，這兩種傳統曾經在加州產生衝突。

　　愛德華・勞森（Edward Lawson）走在街上時，被警察攔了下來，警察要求他說明自己的身分，但是勞森不願合作，只是保持沈默。根據加州法律規定，如果一個人在街上閒晃或四處遊蕩或者並非基於明顯的理由，只是從一個地方遊蕩到另一個地方，而且在被警察攔下時，又不願說明自己的身分，或者不願說明自己來到此地的原因，就是一種犯罪行為。警察逮捕了勞森，以違反這項法律，將他移送法辦。勞森提出訴訟，認為這項法律違憲，他主張這項法律違反了美國憲法增修條文第 4 條所保障的隱私權。最後他的案件交由美國最高法院審理。

LESSON10

● 你寧願生活在一個什麼樣的社會中：是警察可以在街上隨便把人攔下來、清查身分的社
會，還是警察不能這樣做的社會？

學以致用

1. 假設國會正在考慮，立法要求每個人隨身攜帶一張身分證，上面註明
   這個人是美國公民，或是來自另一個國家的人民。法律將要求每個人
   在求職時，都必須提出這張身分證。你贊成或反對這項法律，最好的
   論點應該是什麼？針對這項法律，你會採取什麼樣的立場？寫一封信
   給你們選區的國會議員，表達你的看法，記得說明你採取這種立場的
   理由。
2. 政府機構一向運用監視錄影設備來監看一些公共場所，例如：高速公
   路休息站、停車場，以及捷運車站等。你認為這種方式和派駐警員在
   這些地方巡邏的做法，比較起來如何？哪種做法更能預防非法的行
   為，發揮保護作用？哪種做法對隱私的影響比較大？你同意政府以目
   前這種方式來運用監視錄影設備嗎？寫一封信給報社的編輯，或是在
   全班同學面前發表演說，表達你的看法。

隱私議題的思考工具	
問題	答案
1. 找出要求隱私的人： ■ 在這個例子裡，誰的隱私受到侵犯？ ■ 這個人想保有何種隱私？ ■ 這個人用什麼樣的方式，來保有這項隱私？ ■ 這個人為何想保有這項隱私？	
2. 找出想限制或侵犯他人隱私的人： ■ 誰想限制或侵犯他人的隱私？ ■ 這個人如何侵犯他人的隱私？ ■ 這個人為何想侵犯他人的隱私？	
3. 檢視相關的考量事項： ■ 這個人同意讓自己的隱私權受到侵犯嗎？請加以說明。 ■ 侵犯他人隱私的人，有合法的權利這樣做嗎？為什麼？ ■ 侵犯他人隱私的人，在法律上有義務不該這樣做嗎？為什麼？ ■ 侵犯他人隱私的人，在道德上有義務不該這樣做嗎？為什麼？	
4. 評估處理這項議題的其他方式： ■ 承認這個人有隱私權，會有哪些益處與代價？ ■ 不承認這個人有隱私權，會有哪些益處與代價？ ■ 想侵犯他人隱私的人，還可以運用哪些其他的方式，蒐集一些可用的資訊？ ■ 這些方式各有什麼益處？ ■ 這些方式各有什麼代價？	
5. 採取立場，並為其辯護： 　你認為這個問題應該如何解決？說明你的立場。	

第十一課　科技的進步對隱私有哪些威脅？

本課目標

　　學生在本課將參與一個模擬國會，辯論一項法案。該法案一方面希望保障醫療資訊的隱私，一方面又要允許這類資訊透過電腦儲存與傳遞，以做為國家醫療照護體系的一環。上完本課後，同學應能針對這項法案所引發之隱私議題的不同立場，進行說明與評估；同時能夠報告自己的立場，並為其辯護。

關鍵詞彙

資料庫 data bank
讀取 retrieve

電腦如何影響隱私？

　　電腦會對我們社會中每個人的生活產生影響。一般人使用電腦，不只是為了掌握資訊，更是要提昇效率。我們所做的每一件事，幾乎都和電腦息息相關：

■ 從電子化產品到教科書的印製
■ 從電話到信用卡的使用
■ 從雜貨店的收銀機到銀行的支票兌領櫃臺

　　但由於電腦可以永久儲存資訊，而且可以輕易調出已儲存的資訊，因此將會在現代社會中造成侵害隱私的問題。電腦儲存的訊息，包括你每個月要耗費多少水電、要付多少稅金、你的髮色與眼睛的顏色，以及你戴不戴眼鏡等。事實上，從第 71 頁的圖表中就可以看出，光是儲存在電腦內與你相關的訊息，就足以勾勒出一幅你整個生活的詳細樣貌。

　　雖然有某些法律的限制，大部分組織還是可以決定是否要分享他們儲存在電腦裡面的訊息。有好幾家大型公司，還把不同來源的資訊——例如：一般人申請貸款、信用卡或駕駛執照所填的表格資料結合在一起，建立了大型的電腦資料庫，

然後把相關資料庫賣給企業，讓企業用來找出自己產品的潛在顧客。為了某個特定原因，透露給某個特定對象的訊息，有可能被另外一些人調閱出來，運用在其他的地方。

　　自從有了電腦以後，一般人想控制個人資訊的流向，幾乎是不太可能的事。隨著時間進展，電腦的效能只會愈來愈強大：它們能夠儲存的資訊會愈來愈多，讀取資訊的速度也會愈來愈快。使用電腦的人口和組織，更會隨之攀升，因此隱私受到侵犯的問題，很可能會愈來愈嚴重。

儲存在銀行電腦資料庫中的資訊	
每次使用……	電腦就儲存……
使用電話	撥的號碼、相關資料，以及通話時間
從錄影帶店租一部電影	電影名稱與租片日期
使用信用卡	日期、購買總金額、商店名稱與地址，以及購物內容
訂閱報紙或雜誌	姓名與地址、報紙或雜誌名稱，以及訂閱起始與結束日期
申請貸款	通訊地址與電話號碼、工作場所的名稱、地址與電話號碼、薪資數目、財產總值、擁有的金錢數目，以及每個月償還多少負債
申請汽車保險	地址、駕駛紀錄、汽車的廠牌與型號、開車上班的距離，以及每年行駛的里程數
支付帳單	付款金額與日期

你的看法如何？

1. 你認為對想保有隱私的人而言，電腦會是個嚴重的問題嗎？為什麼？

2. 你認為電腦科技的益處勝過電腦所造成的隱私問題嗎？說明你的立場。

3. 你會支持什麼樣的措施 ——（如果有的話），用來防止私人機構編輯與儲存有關個人非公開的資訊？

4. 個人可以採取什麼樣的行動，以限制私人機構蒐集與儲存其日常活動相關資訊的能力？

科技如何影響醫療的隱私？

　　從古老的希波克拉底（Hippocrates）時代開始，人們就希望醫師能將他們的身體狀況保密，這種對醫療隱私的需求，一方面是因為這類資訊本來就屬於個人範疇，另一方面則因為透露這類資訊可能揭發我們的弱點，讓我們容易受到攻擊。如果醫師針對醫療訊息有保密的義務，病人才比較願意把症狀告訴醫師，不必擔心會有尷尬的狀況發生。而到了今天，保密不但成了醫師的道德義務，更成為醫師的法律義務。

　　儘管如此，醫療資訊的隱私並非牢不可破，一般醫療保險公司為了支付保險金，都會要求投保病人同意醫師透露他們的醫療狀況，即使是沒有投保的人，很可能也得允許醫師透露他們的醫療現況，例如：涉及法律訴訟狀況時。而大眾對於健康的關心，可能也會讓法律立法規定，醫師必須將有關病人的醫療資訊，呈報給政府的衛生機構，例如：需要掌握相關訊息，以預防傳染病散播時，也是如此。

　　不過現在有關醫療資訊的隱私問題，因以下因素而又引發全新的利害關係。

■ 普遍使用健康保險來支付醫療費用的趨勢，導致大量電腦檔案與資料庫的建立，這些檔案與資料庫都會儲存有關特定個人的醫療訊息。

■ 全國健康照護計畫將要求病人在就診之前，必須先拿出國民健保卡，這張卡可以讓人更有系統地取得更多醫療資訊，尤其是晶片卡，更可能完整記錄個人所有病歷資料。

運用「思考工具」進行評估，採取立場，並為其辯護

　　請同學兩人或數人一組，回答下列國民健保卡提案可能引發的隱私問題，準備好後向全班分享小組的答案。

　　想像你是美國的眾議員。有人提出一項立法，要求每個人在接受醫療服務之前，都必須先拿出一張國民健保卡；有了這張卡，醫師與醫院就能取得病人就醫的完整病歷。只要病人接受了新的醫療服務，卡片上的資訊就會隨之更新，而政府也

可以隨之承擔起支付醫療費用的責任,所有相關醫療服務的訊息,都會透過電子化的方式,轉寄並存入政府的中央電腦資料庫,因此所有的紙上作業都可以省略。

1. 找出要求隱私的人

■ 若採用國民健保卡,誰的隱私會受到侵犯?

■ 人們可能不希望哪些醫療資訊被存放在政府的資料庫中?為什麼?

■ 如何保護有關個人資訊的隱私?

2. 找出想侵犯他人隱私的人

■ 國民健保卡會如何限制或侵犯他人的隱私?

■ 聯邦政府為何會希望民眾使用國民健保卡?

3. 檢視相關的考量事項

■ 民眾在享有政府提供的健康保險之益處的同時,是否也**同意揭露**或使用和他們個人醫療狀況相關的訊息?說明你的立場。

■ 你認為聯邦政府是否有**合法權利**,要求民眾使用國民健保卡,同時把民眾個人的醫療資訊,集中儲存在中央電腦資料庫?為什麼?

■ 依你之見,要求大眾使用國民健保卡是否有違聯邦政府尊重人民隱私權的**法律義務**?說明你的立場。

■ 你認為要求大眾使用國民健保卡是否有違聯邦政府尊重人民隱私權的**道德義務**?說明你的立場。

4. 評估處理這項議題的其他方式

■ 聯邦政府要求民眾使用國民健保卡,會有哪些益處與代價?

■ 聯邦政府可以採取哪些方式,來確保所獲醫療相關資訊的隱私?這些方式各有什麼益處與代價?

5. 採取一個立場,並加以辯護

■ 針對政府要求使用國民健保卡,你會採取什麼樣的立場?說明你採取這種立場的理由。

LESSON11

針對國民健保卡進行評估，採取立場，並為其辯護

在本活動中，你將參加一場國會個模擬聽證會，在會中提出各種可行方案，用來解決國民健保卡引發的隱私問題。老師會把全班分為下列各組：

■ 支持醫療保健制度的醫師團體：這個小組贊成國民健康照護計畫，而且強烈支持所有廢除紙上作業的做法。你們相信國民健保卡的益處遠超過這種卡片會引發的隱私問題。雖然你們不反對要求政府保護隱私，但你們不認為應該要求醫療業者承擔起維護隱私的責任，因為你們認為沒有這種必要。

■ 強調醫療效率的公民團體：這個小組贊成所有可以提升政府醫療效率的建議方案。為了取得大眾對國民健保卡方案的支持，你們願意提案建議，針對醫師、醫院與政府不當授權、不當使用或任意洩漏醫療資訊，施以嚴厲的懲罰。

■ 關心隱私權的公民團體：這個小組相信，除非能採取各項防護、限制與懲罰措施，來維護醫療資訊的隱私，否則應該反對國民健保卡的提案。

■ 反對政府一意孤行的公民團體：這個小組認為讓政府取得每位公民的醫療資訊，是一種十分危險的錯誤，即使有法律限制，預防濫用這類資訊也一樣。無論在任何情況下，你們都反對國民健保卡的提案。

■ 眾院資訊工作小組：你們將決定是否支持啟用國民健保卡，讓這種卡片成為國家醫療制度的一環，同時決定是否啟用任何特殊條款，來保障醫療資訊的隱私。你們將傾聽各方的看法，因為你們希望能做出最好的決定。你們知道自己的選民對醫療制度很關切，也很需要，可是他們也很重視自己的隱私與自由。

準備與進行聽證會

前四個小組應該針對支持或反對使用國民健保卡，準備一些相關論點；同時建議如果採用國民健保卡，有沒有什麼方法可以用來保障醫療資訊的隱私。他們準備的論點，應該指出並考量採用國民健保卡的益處與代價，以及保障隱私的益處與代價。此外，這些論點還應該說明，該小組成員的立場如何可以：

■ 保護人們的隱私
■ 提供政府一個有關醫療必要資訊之取得與使用的方法，以配合醫療保健計畫

前四個小組應選出 2-3 名發言人，負責向眾院資訊工作小組說明整組的論點。在前四個小組討論發展論點的這段時間裡，眾院資訊工作小組應該準備一些問題，以便用來請教每組的發言人。另外眾院資訊工作小組還應該選出 1 名主席，負責主持聽證會。

等四個小組都陳述過自己的論點之後，眾院資訊工作小組的每位成員，應該針對醫療保健計畫，以及針對各項用來保障隱私的建議方案，提出並說明自己的看法。

學以致用

1. 想像國會正在考慮立法，規定每個人都要有一個身分編號，凡是在填寫正式表格，例如：申請退稅、住院、護照、駕照或政府津貼時，都必須填寫這個編號。如果民眾收到交通罰單或違法被捕時，也要用到這個編號，你可以提出什麼樣的論點，來支持這項立法？你又可以提出什麼樣的論點，來反對這項立法？你認為哪些論點最強而有力？為什麼？

2. 你認為某些個人與團體為何願意在公開聽證會中出席作證？想想在模擬聽證會中，剛剛發表過意見的那些團體。

3. 針對政府即將進行的決策舉行聽證會，有什麼益處？又有什麼樣的代價？所有政府決策都應該等到聽證會過後才能進行嗎？為什麼？

LESSON12

第十二課 人們對於自己的身體應該擁有什麼樣的隱私權？

本課目標

　　本課將檢視個人對自己身體所擁有的隱私權。全班要舉行一場立法聽證會，探討當個人生命面臨威脅時，個人隱私權應該受到的保護程度。上完本課以後，同學應該要能夠針對其中有關隱私的議題加以評估，採取立場，並為其辯護。

關鍵詞彙

生命醫療意願書 living will

檢視隱私和身體尊嚴（bodily integrity）

　　全班分成四組，完成這項練習。各組應該閱讀被分配到的選文內容，並回答「你的看法如何？」的問題。各組在準備好之後，向全班分享答案。

1. 亨寧・雅各布森（Henning Jacobson）不想注射牛痘疫苗去預防天花[3]病毒這種急性傳染病。劍橋衛生主管當局已決定注射此疫苗是必要的，而且依據麻塞諸塞州的法律規定，雅各布森必須接受衛生當局的命令，否則就得支付罰金。但是雅各布森宣稱，州政府沒有權利強迫他接受疫苗注射，他認為「強制接種疫苗的法律不合理、純屬武斷，而且是一種壓迫的手段。正因如此，這種命令有礙於每個自由人以自認為最適當的方式，照顧自己身體與健康的權利。而且，對反對接種疫苗的人執行這項法令……無異於對此人的攻擊。」

● 你認為人們對自己的身體，是否享有特別強烈的隱私權？

2. 三名副警長衝進安東尼奧・羅欽（Antonio Rochin）的房間時，他正坐在床邊。副警長看見床頭櫃上面有兩個膠囊，於是質問：「這是誰的？」羅欽抓起膠囊，塞進嘴裡，三名副警長撲向他，想要強迫他張開嘴巴，不過沒有成功，於是他們對羅欽戴上手銬，強押他到醫院。醫生用一根管子侵入羅欽的喉嚨，灌入一種液體到羅欽的胃部，逼他嘔吐，結果吐出來的膠囊內裝物被證實包含嗎啡。羅欽於是被控持有毒品，不過他主張副警長與醫生的行為，以及他們搜膠囊時對他身體的侵入，侵犯了他的權利。

---

[3] 世界衛生組織（WHO）於 1980 年正式宣布天花已經從地球上根除，並全面停止施打牛痘疫苗，天花成為第一個由人類從自然界根除之疾病。資料來源：衛生福利部疾病管制署。

3. 魯道夫・李（Rudolph Lee）被警察送去急診室。他左胸中彈，子彈就卡在他的鎖骨下方。他告訴警察，他是被兩名搶匪射傷的。等他們抵達醫院後，警察卻聽到了另一種案情版本：當天晚上有個店員遭到一名意圖行搶的歹徒槍擊，店員反擊，也射傷了搶匪，於是和強匪被送進同一間急診室。那名店員指認李就是想向他行搶的強盜。經過調查以後，李被控意圖搶劫，政府也向法院申請命令，要求李接受手術，取出卡在鎖骨下方的子彈，以便檢驗那顆子彈是否從店員的槍枝裡射出。李拒絕接受這項手術，他主張如果強迫他接受這種程序，就是侵犯他的憲法權利。

4. 伊麗莎白・鮑維雅（Elizabeth Bouvia）想要拔掉身上的鼻胃管，醫院的醫生在違反她意願的情況下，用一根管子從她的鼻子伸進她的喉嚨，一直伸到胃裡，以便維持她的生命。腦性麻痺的她，手腳都不聽使喚，她連在床上要坐起來都有困難。由於完全無法咀嚼吞嚥，鮑維雅只能依賴他人用湯匙餵她流體狀的食物，但是由於攝食不足，她的身體只能陷入營養不良的狀態，等她的體重下降到 30 幾公斤時，醫療人員判定，有必要以鼻胃管餵食，以挽救她的性命。現在鮑維雅透過律師，要求法院下令醫師尊重她的個人意願，把不顧她反對就插入的鼻胃管拔除。即使如此一來，她很快就會餓死，而且即便醫師預測只要靠鼻胃管餵食，她還可以再活 15 或 20 年，她也不後悔。

你的看法如何？

1. 在這個狀況中，誰在要求隱私或身體尊嚴？這個人的隱私或身體尊嚴如何受到侵犯？這些侵犯或干擾有多嚴重？

2. 誰反對或想限制這種隱私或身體尊嚴？反對或想限制這種隱私或身體尊嚴的原因何在？

3. 這種對隱私或身體尊嚴的侵犯是否有必要？或者有沒有其他的方式，可以解決這類衝突？

4. 你認為在這種情況下，以侵犯行為的嚴重性、以及理由的重要性來說，侵犯此人隱私與身體尊嚴的理由是否充足？說明你的立場。

就身體隱私而言，什麼才是合理的法律限制？

　　如你所見，個人在隱私與身體尊嚴上的利益，可能在多種不同的情況下，和社會利益發生衝突。政府為了取得犯罪證據、保護公眾健康、預防疾病傳染或維護當事人的健康，都可能需要侵犯個人的隱私與身體尊嚴。

　　一般人對這類隱私產生衝突的情況應該如何解決，可能會有各種不同的看法。針對本課的每個案例而言，有些人可能會認為社會利益重於個人的隱私利益。另外，有些人可能會認為個人隱私的利益重於社會的利益，甚至有人會認為，應先針對個別狀況內的特殊因素進行評估，再來決定哪一種利益比較重要。

　　在以下的練習裡，你將參與一個模擬立法聽證會，討論醫療維生的問題。州議員要解決的問題是，個人是否有自由完全拒絕維持生命的醫療照顧，如果有的話，必須是在什麼樣的情況下。州議員成立一個特殊委員會來處理這項議題。委員會將舉辦一場聽證會，向議員說明他們提議的解決方案。

評估身體尊嚴，採取立場，並加以辯護

　　將全班分成以下各組，進行本項活動：

■ 支持醫療倫理的醫師：這個小組贊成讓病人在大多數情況下，自行針對醫療方式做決定，不過前提是，病人必須要能在思慮周詳、資訊充足的狀況下做決定。這個小組擔心，很多時候病人拒絕接受治療，只是因為太過沮喪，不是源自資訊充足的理性評估，尤其當治療方式可能延長病人性命時，拒絕接受治療與病人本身的最佳利益正好相反，可能正好反映出心理上的沮喪抑鬱對病人產生的影響。

■ 健康保險協會：這個小組相信，醫師常會採取太過火的手段，試圖延長病人的壽命，他們徒然投注許多努力與資源，但成功的希望卻十分渺茫。因此這個小組支持，廣泛保護個人拒絕接受治療的權利，即使這項治療可能挽救病人的性命也一樣。

■ 關切此事的宗教領袖聯盟：這個小組相信，除非出自宗教信念，例如：有某個教派的教徒拒絕接受輸血，否則一般病人拒絕接受能夠救命的醫療行為，不符合道德準則。這個小組認為，州政府有絕對的責任預防自殺，因此不能允許個人以隱

私與身體尊嚴為由，干擾政府維護這項職責。

■ 年長者的支持者：這個小組認為，個人有權在保有尊嚴的情況下死去，而個人針對醫療方式所做出的深思熟慮的決定，應該受到尊重。儘管如此，這個小組的成員也擔心，個人可能受到不當的壓力，要他們拒絕接受維生的治療，例如：想少付這些醫療費用，以便從中獲利的人，或者受不了要承擔照顧病人重擔的人，都可能對病人施壓。因此這個小組希望透過立法，支持運用「生命醫療意願書」，也就是針對個人使用維生系統的意願，提出清楚的證據，再加上保證內容，證明相關文件當中記錄的說明與意願，並非受到他人不當施壓的結果。

■ 維生醫療委員會：你們將決定是否准許個人拒絕接受維生系統的治療，而如果可以的話，又是在什麼樣的情況下。你們將仔細傾聽各方的意見，因為你們想做出最好的決定。你們知道自己的選民很重視個人隱私與自由，但他們也很在意要維護與保持人類生命的神聖與價值，同時確保人們不會因犯錯而危及自身。

● 在病人的隱私權與社會和醫界關心的焦點之間，你要如何取得平衡？

進行聽證會

前四個小組應該針對提案的內容進行準備，各自說明在什麼樣的情況下（如果有的話），一個人可以拒絕維生的治療，另外這四個小組還應該準備一些論點，來

支持自己的提案，說明己方的立場如何可以在下列幾個因素之間取得平衡：

■ 個人在隱私與身體尊嚴上的利益，以及
■ 社會在下列各方面的利益：維護生命、預防自殺、維護醫療倫理，以及確保任何拒絕接受維生治療的決定都是經過深思熟慮，而且未經不當施壓。

　　前四個小組應該選出 2-3 名發言人，負責向維生醫療委員會說明自己這一方的提案與論點，而在這四個小組進行準備的這段時間裡，委員會的成員應該準備一些問題，以便向每個小組的發言人提出，同時選出 1 名主席，負責主持聽證會。委員會的成員應該複習第 69 頁上的思考工具，以便準備這些問題。

　　等前四個小組都說明過自己的提案與論點，委員會的每個成員就應該分別針對一個人在什麼樣的情況下（如果有的話）可以拒絕維生的治療，提出與說明自己的看法。最後全班再針對各方提出的各種提案進行投票，做為本活動的總結。

● 學以致用

1. 一個人拒絕接受維生治療，到底是否出自宗教信念，是否有任何差別？研究一下，法院如何處理有人因為宗教信仰，本身拒絕接受輸血，也不讓子女接受輸血的狀況？把研究結果向全班報告，同時說明自己針對這個問題的看法。

2. 政府是否應該有權要求一個人接受精神治療？在什麼樣的情況下可以這樣做？有哪些形式的精神治療，是政府可以強迫一個人接受的？政府可以因為一個人有精神疾病而強迫他服用藥物嗎？或者強迫一個人接受心理諮商療程？接受大腦手術？研究一下，我們有關強制精神病患非自願性接受治療的相關法律，寫一封信給報社編輯或地方議員，表達你對這個問題的看法。

LESSON13

第十三課　我們應該如何解決隱私與新聞自由的衝突？

「隱私」的最後一課是檢視新聞報導引發的隱私議題。全班將討論這些議題並制定新聞從業人員的自律公約，讓記者在對公民個人進行調查與報導時，有準則可依循。上完本課，同學針對隱私議題所引發的各種不同立場，應該能夠加以說明與評估，並能闡明何以制定一個政策用來處理這類很可能一再重複出現的狀況，有其實用性。

關鍵詞彙

普通法；英美法系 common law
文字／書面誹謗 libel
口頭誹謗 slander

新聞媒體應尊重哪些隱私界限？

美國憲法增修條文第 1 條規定：「國會不應以任何法律……妨害媒體的自由。」但在普通法的限制下，新聞從業人員就像一般人一樣，如果以出版或傳播會傷害他人名譽之不實訊息的方式，誹謗或中傷他人，就必須對引發的傷害負起責任，但如果這種會傷害他人名譽的訊息是真實的，誹謗的控訴就無法成立。

這是否意味著，媒體可以自由侵犯我們的隱私，可以把我們生活中最私密、最隱密的事項加以公開？有沒有一些隱私的界線，是新聞記者必須加以尊重的？有沒有一些題目，是新聞記者不該任意報導的？

還有新聞記者用來調查報導對象的方法呢？記者能不能使用隱藏式攝影機與

麥克風,來記錄正在調查之對象的言行?他們能不能謊報自己的身分,以引誘對方透露一些不會告訴記者的事情?他們能不能翻找個人丟棄的垃圾,藉以蒐集一些資訊?

● 你認為有沒有一些人或事,是記者與媒體不該報導的?

　　這兩大類型的問題 —— 限制新聞記者選擇調查的主題,以及限制他們調查報導內容的方式,可能對我們享有隱私的程度,產生重大的影響。另外,這類問題還牽涉到其他的價值觀,例如:自由與人性尊嚴。以下的練習,讓你探索第一類的問題:「新聞記者選擇報導的主題,應該有什麼樣的限制?」之後,全班要研擬出一套準則,讓新聞記者在面對這兩大類型的問題時,有可資遵循的依據。

LESSON13

檢驗媒體對隱私的侵犯

仔細閱讀以下選錄的內容。然後兩人一組，完成第 69 頁的「思考工具」表的問題。各組準備好之後，向全班說明該組的立場。

布里斯科訴讀者文摘協會（Briscoe v. Reader's Digest Association）

1960 年代末期，《讀者文摘》刊登了一篇名為〈搶劫的大事業〉的文章，裡面有一句話提到了布里斯科：「布里斯科就像典型的生手一樣，他（和另一個人）在肯德基州的丹維爾市偷了一輛『看來價值連城』的卡車，還和當地警方陷入一場槍戰，後來才發覺，車上只有四個保齡球瓶。」事實上，這樁竊案發生於 1956 年，大約是這篇文章刊出的 11 年前。布里斯科也已經對錯誤的行為付出代價，過著與犯罪無關的生活。

布里斯科控告《讀者文摘》侵犯隱私，他說《讀者文摘》的文章內容「揭露了他過去生活中真實但引人尷尬的隱私，是一種錯誤的做法。」他主張，自己已經躋身社會上值得尊敬的階層，而且許多朋友並不清楚他人生早期的狀況。由於這篇文章的出現，朋友們以及他 11 歲的女兒才知道布里斯科的這件往事，他覺得受到羞辱，並且必須忍受他人的輕視與嘲諷。

加州最高法院在討論布里斯科的案子時指出：

「在很多情況下，一個人在 18 世紀的小型社會中享有的隱私，都不如在 19 世紀末期都市化的社會中，或在現今大都會中享有的隱私。家庭網絡的延伸、主要的群體關係，以及僵化的社群風俗習慣，都讓個人偏離正常準則的所有行為無所遁形，將他困在閒言閒語形成的緊箍咒裡。但真正剝奪一個人能『自由搔癢』的權利，還是大量暴露在相對於這些閒言閒語的公眾注視之下。」

隨著大眾媒體的報導能力越來越強，電子裝置揭露個人身分、侵入個人最

私密的活動，以及迫使個人最私密的特性在公眾面前曝光的能力越來越高，大眾對隱私權的接受度也隨之提高……人們不僅害怕在自己最親密的人面前展露自我……這種對隱私權的要求與其說是想保有完全的隱私，不如說是要爭取個人定義私密範圍的權利……

　　而從另一方面來看，法院也注意到：

　　保持資訊隱私的權利必然會與向大眾揭發資訊的權利相衝突……人們對鄰居的生活內幕總是充滿好奇，大眾會創造自己的英雄與狗熊……只要有攸關大眾利益的事件發生，我們所戴的面具可能就會被揭去……曝光的危險是都市生活的必然副產品……在一個立基於自由傳播想法的國家裡，很難去宣布有某些事情不能公開。

為記者確立新聞報導原則

　　將全班分成幾個小組，來完成這項練習。將下列組織，分派給各組扮演。

■ 新聞協會：《紐約時報》的座右銘「每則新聞都是值得報導的」（All the news that fit to print），恰可說明這個組織的觀點。

■ 廣播娛樂集團：這個組織基本上認為「合適的新聞，我們就報導」（All the news that fits, we print）。

■ 主張保護隱私的公民團體：訴求一般公民的隱私權要受到高度的保障。

■ 新聞自由基金會：強調在一個自由社會中，新聞自由的重要性，以及只要是對大眾而言重要的事情，都應該有不受限制的討論空間。

■ 主張涵養與尊嚴的公民社團：反對未能強調涵養與嚴謹標準的新聞媒體，尤其是電視媒體，並認為大眾媒體未能善盡自律之責，因此政府更應該要制定規則。

各組應該針對下列兩個議題，發展出一套政策方案或者研擬出一套準則：

■ 新聞記者對採訪對象所採取的調查手段，應該受到什麼限制？

■ 新聞記者所選擇的調查與報導主題，應該受到什麼限制？

各組應該選出 2-3 名發言人，向全班說明該組的政策提案。

首先，先採圓桌會議的形式，讓各組針對新聞記者選擇調查與報導的主題，應該受到什麼樣的限制，輪流提出己方的看法。

然後各組再針對新聞記者用來調查報導對象的手段，應該受到什麼樣的限制，輪流說明己方的觀點。

老師應負責主持圓桌會議的討論過程。最後的課程統整，全班同學針對各組研擬的準則或政策，要能夠評估其實用性。

學以致用

1. 《惡意的缺席》（Absence of Malice）[4] 這部電影當中，提到了幾個有關媒體行為的問題，包括有個報社編輯決定讓某個消息來源曝光，而他們本來向這個消息來源承諾，要讓他的身分保密 —— 像這種做法是否恰當。觀看這部電影，然後向全班同學提出報告，敘述電影中所提到的相關議題，同時說明自己針對這些議題所採取的立場。

2. 有些學校會利用監視攝影機來監看走廊、校園戶外區域，以及有問題的教室。你認為支持與反對這項做法，有哪些最佳的論點？你是否同意校方這種使用攝影機的方式？寫一封信給校方，說明你的看法。

3. 在一些商業場所，例如：銀行與商店，常會有監視攝影機，錄下其中各種人員的一言一行。把這種做法的益處與代價列成一張表，你還能想到哪些銀行與商店可以採取的替代方案？這些替代方案各有哪些益處與代價？如果你認為使用攝影機不妥，你要如何說服這些商店停止使用攝影機？向全班同學說明你的建議。

---

[4] 此部電影於 1981 年上映，由薛尼・波拉克（Sydney Pollack）執導。Absence of Malice 是法律用語，意指無心之過、沒有犯意。

補充資料

　　一、美國國會所舉行的聽證會，是在研擬立法政策時蒐集與分析各界意見資料的一種正式而主要的方法，亦用於監督及調查政府的施政品質及官員的表現，聽證會通常包含證人的口述證詞及國會議員對證人的質詢，聽證會模擬司法審判，由意見相反的雙方互相辯論，其結論通常具有法律效力或對最後的處理有拘束力，也會被美國法院引用為判決參考。至於我國立法院所舉行的公聽會，依立法院職權行使法第 54、58、59 條分別規定「各委員會為審查院會交付之議案，得依憲法第 67 條第 2 項之規定舉行公聽會。如涉及外交、國防或其他依法令應祕密事項者，以祕密會議行之」、「委員會應於公聽會終結後十日內，依出席者所提供之正、反意見提出公聽會報告，送交本院全體委員及出席者」、「公聽會報告作為審查該特定議案之參考」，主要在使人民可以積極表達意見與期望，讓立法院推動人民想要通過的法案，反應人民意見，但是不具任何的法律效果。

　　二、有關律師對委任其辦理法律事務之當事人所應負之保密義務，以及何種情形下律師應將其與當事人間之機密內容予以揭露等，提供補充資料如下：

1. 我國律師法第 15 條第 2 項規定「全國律師公會聯合會應訂立律師倫理規範，提經會員代表大會通過後，報請法務部備查。」，而中華民國律師公會全國聯合會 98 年 9 月 19 日修正通過之「律師倫理規範」則於第 30 條之 1 及第 33 條分別規定「律師因受任事件而取得有關委任人之事證或資訊，非經委任人之書面同意，不得為不利於委任人之使用。但依法律或本規範之使用或該事證、資訊已公開者，不在此限。」及「律師對於受任事件內容應嚴守祕密，非經告知委任人並得其同意，不得洩漏。一、避免任何人之生命、身體或健康之危害。二、避免或減輕因委任人之犯罪意圖及計畫或已完成之犯罪行為之延續可能造成他人財產上之重大損害。三、律師與委任人間就委任關係所生之爭議而需主張或抗辯時，或律師因處理受任事務而成為民刑事訴訟之被告，或因而被移送懲戒時。四、依法律或本規範應揭露者。」

2. 因之，由上開「律師倫理規範」第 30 條之 1 本文及第 33 條本文觀之，我國律師對於委任人負有保密義務，應無疑義。

3. 此外，從刑法第 316 條之業務上洩密罪及刑事訴訟法第 182 條、民事訴訟法第 307 條第 4 款之業務上拒絕證言權，可知律師保密義務同時兼具「權利」和「義務」之性質。

4. 至於何種情形下律師可將或應將其與當事人間之機密內容予以揭露，可參閱上開「律師倫理規範」第 30 條之 1 但書及第 33 條但書之規定。

國家圖書館出版品預行編目資料

超級公民 —— 隱私 / Center for Civic Education 原著；郭菀玲譯.
-- 初版 . -- 臺北市：民間公民與法治教育基金會，
2019.07
面； 公分
譯自：Foundation of Democracy: Authority, Privacy,
Responsibility, Justice
ISBN 978-986-97461-2-0（平裝）
1. 公民教育 2. 民主教育 3. 隱私權

528.3   108001003

超級公民 —— 隱私

原 著 書 名：Foundation of Democracy: Authority, Privacy, Responsibility, Justice
著 作 人：Center for Civic Education
譯 者：郭菀玲
策 劃：黃旭田、張澤平、林佳範
系列總編輯：李岳霖
董 事 長：邱秋林
出 版 者：財團法人民間公民與法治教育基金會　　財團法人蘇天財文教基金會
編 輯 委 員：林孟皇、李岳霖、劉金玫、許民憲
責 任 編 輯：薛維萩、許庭瑛、五南編輯
地 址：104 台北市松江路 100 巷 4 號 5 樓
電 話：(02) 2521-4258
傳 真：(02) 2521-4245
網 址：http://www.lre.org.tw/
合 作 出 版：五南圖書出版股份有限公司
發 行 人：楊榮川
地 址：106 台北市大安區和平東路二段 339 號 4 樓
電 話：(02) 2705-5066
傳 真：(02) 2706-6100
劃 撥：010689563
網 址：http://www.wunan.com.tw
電 子 郵 件：wunan@wunan.com.tw
法 律 顧 問：林勝安律師事務所　林勝安律師
版 刷：2019 年 7 月一版一刷
定 價：200 元